中國典籍日本注釋叢書

五經卷

10

周易新疏／下
易象解

[日]林羅山　等撰
張培華　編

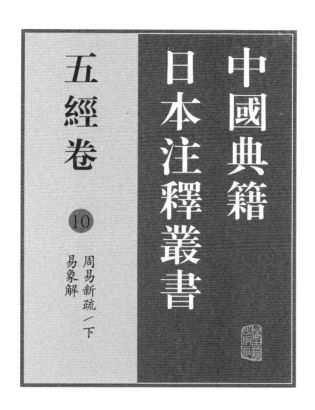

目録

周易新疏(下) [日]河田東岡 撰

卷六……四三九

卷七……五四五

卷八……六四一

别録上……七一一

别録下……七八三

讀周易新疏……八二七

易象解 [日]關谷敬藏 撰

易象解……八三五

周易新疏（下）

［日］河田東岡　撰

周易新疏卷六

因幡　河田孝成　著

上象

此篇每卦首舉八卦大象。以示經國大範。因以名焉。亦隨經而分上下。象本獸名。南越大獸。韓非子曰。人希見生象也。而得死象之骨。按其圖以想其生也。故諸人之所以意想者。皆謂之象。夫二經十翼。皆卦影耳。乃皆象也。而偏言象者。主三畫卦。如八卦成列。象在其中。八卦以象告。及說卦所說。可見焉。東涯曰。韓宣子適魯。觀易象。說者以爲畫辭。然卦畫辭。流行列國久矣。載在左傳。何得謂宣子獨觀之魯哉。乃知宣子所觀。卽此篇也。而宣子聘魯。在孔子志學之前。則此篇亦非孔子之作也。孝成考左傳。宣子觀易象與魯春秋曰。周禮悉在魯矣。夫魯本有春秋。孔子筆削之。而後世稱孔子作春秋。意者易象亦魯之所有。而孔子定之。謂之孔子作。亦猶春秋邪。但此篇論大象者。實先王大範。因以專象名。則宣子所觀蓋是矣。其釋畫辭者。與彖同撰焉。乃孔子所贊述。而非魯舊傳也。

天行健。君子以自彊不息。

乾降乾升。天行健而不已之象。君子以之自勉。克勵其行。足以首物創業矣。大象與釋彖釋爻。其辭絕不相類。所謂宣子所見魯舊傳者。止是矣。胡炳文曰。八純之卦。唯乾坤不言重。異於六子。稱健不稱乾。異於坤也。吳仁傑曰。字書乾一作健。豈本作健。而傳寫誤爲健邪。六十四卦豈容乾獨異於諸卦也哉。東

涯從之。記以存疑

潛龍勿用陽在下也下乾變爲巽。陽氣隱入於下之象也。於乾坤之初。揭陰陽二字。乾初曰陽在下。坤初曰陰始凝者。因乾陽物坤陰物之義。以明諸卦剛柔有陰陽象。非以陰陽爲畫名也。故除此二畫之外。无復以陰陽釋畫義者焉。夫陰陽氣也。剛柔形也。六位有名而无形。故以陰陽稱之。至於斷連二畫。則既有形之可見。故名之以剛柔。故曰。分陰分陽。迭用柔剛

見龍在田德施普也變離爲文明。而乾在上。天下文明。故曰德施普。蓋文明則施均。均則不患貧。可謂普矣

終日乾乾反復道也反復謂勉強不息。古本足利本。復下有之

或躍在淵

進无咎也。變與爲進退。而得其所。是進以正。雖進亦无咎也。飛龍在天。大人造也。聖人作禮樂。人倫明於上。不曰作而曰造者。會韻。東涯曰。造至也。劉向疏作聚。師古云。聖王正位臨馭萬方。則賢人君子皆來見也。亦通。亢龍有悔。盈不可久也。說高滿盈。用九天德不可爲首也。天德謂乾剛。可以首出庶物。用九乾剛變爲坤柔。雖天德亦不可爲首也。歐陽修曰。乾爻七九。坤爻八六。九六變而七八无爲。易道占其變。故以其所占者曰用九用六。朱熹曰。乾爲萬物之始。故天下之物。无不資之以始。但其六畫。有時而皆變。故有羣龍无首之象。而君子體之。則當恭遜卑順。不敢爲天下先耳。又曰。占法取變。困卦雖是不好。然其間利用祭祀之屬反好與見羣龍无首利永貞一也孝成謂王嗣程頤不言九六之變獨歐陽氏始言用九用六之變朱氏因以爲解又知有困卦之屬而不知自餘稱九六者皆指其所之是以不能觀象玩辭並不惜哉

地勢坤君子以厚德載物

載物義在象註重坤有地勢廣厚之象君子以厚其德成事之則蓋能成事則者不以聰明先於人能任於人使其自己其於事也不自我始必循其故其則簡而易從家國无爲而治是所以承乾行也

履霜堅冰陰始凝也馴致其道至堅冰也

凝謂柔變爲剛堅也又坤順易馴故曰馴致其道按魏志作初六履霜古本作履霜堅冰至足

利本同。舉正曰。履霜。陰始凝也。今本霜下誤增堅冰二字。未知孰是。

六二之動。直以方也。不習无不利。地道光也。

經言直方大。而象不言大者。二本直方。遇六而變。而後其功大。故曰六二之動。則大在其中也。其功之成。猶地道光矣。地道光。謂能含天氣。吐萬品物。貴發光輝也。繫辭曰。爻者效天下之動者也。又曰。繫辭焉而命之。動在其中矣。又曰六爻之動。三極之道也。由是觀之。則動者辭中所含。人事情狀。可用以云爲者也。象言動者。唯此一爻耳。與初言陰陽同。亦揭其凡。以明三百八十四爻。皆爲示動之言也。古本方下无也

含章可貞。以時發也。或從王事。知光大也。

以時發。當可而發其所含也。是知者之事。變艮有知

象如蹇象曰見險而能止知矣哉艮象曰時行則行時止則止是矣光大亦以變剛止陽位而言。經云或從王事无成有終。程頤曰此舉上句。解義則並及下文。他卦皆然　括囊无咎愼不害也　黃裳元吉文在中也文。謂上

變剛龍戰于野其道窮也變象一剛止於上。而不能有為　用六永貞以大終也柔皆變而為剛。故曰以大終終。如相亦惟終之終。在易謂變而能成其事。後皆倣此

雲雷屯君子以經綸雷雨之動。天造草昧。君子有為之時也。不言雨而言雲者。坎在雷上也。經。條理大綱也。綸。如彌綸之綸。言以法度苞括國家也

雖磐桓志行正也以貴下賤大得民也志行正發居貞之義。變象失正。其志在行正。故居貞而不變。遂有以貴下賤大得民之譽焉。居則不行。故曰行正。亦唯志耳。未能行所以磐桓也。大因剛象。乾坤之初言陰陽。此又言貴賤以見剛貴柔賤之義矣

六二之難乘剛也十年乃字反常也稱六二者。與坤六二同謂變也。後稱九六。六者倣此。女子不字非常道也。屯言乘剛。蒙言剛柔。畫名定矣。後不屢言者。易雖有天道有地道要皆人事也

卽鹿无虞以從禽也君子舍之往吝窮也不能驅山林出禽而從禽。言无所獲也。窮者。震威窮而不振也。胡炳文曰。經言不如舍。辯之審也。象言舍之。去之決

也。舉正以上有何字。恐非求而往明也坎水在上者清明屯其膏

施未光也吉在柔小。所以施未光也。光剛象泣血漣如何可

長也上之如殷三仁及紀侯去國。能處屯窮者也。下之程嬰杵臼之事。不可爲則効

龔勝陶淵明。唯死與不仕是可耳。如陸秀夫張世傑之立宋主。欲爲不可爲。義勝而仁殘。

故屯窮之時。戒其乘馬班如。以不可長也

山下出泉蒙君子以果行育德山下之泉。其初出也。无分東西。

蒙之象也。而必就下。君子以果行於善。山勢高重。君子以育德於厚

利用刑人以正法也刑以正法所以利也子克家剛柔

接也禮曰。男子親迎。男先於女。剛柔之義也。剛在內爲卦主。勗帥柔。納婦吉象。有內助而後家可克。故以剛柔接。釋子克家也。

勿用取女行不順也三至五坤。變喪其坤。故行不順也。

困蒙之吝獨遠實也初三比二。而五比上。唯四與剛隔。故曰獨遠實。柔虛剛實。朱熹曰。實叶韻去聲。董眞卿曰。今易自坤以後六十三卦。象散入爻辭下。遂不可以韻讀之。本義一用古易。故多論叶韻。

童蒙之吉順以巽也互坤順從。變象巽入。五之所以能聽於二而得吉也。

利用禦寇上下順也變師上下五柔。皆順從於一剛。

雲上於天需君子以飲食宴樂雲上於天。需而爲雨。君子以行飲食宴樂之禮。大饗卿士賓客。朝宗如雲騰。脩睦明儀。羣臣各得言所欲。言以施德於民。民皆待于下流。知惠之將至也。不言雨而言雲者。明需義矣。坎爲勞卦。慰勞莫切於飲食。故坎多言酒食。

需于郊。不犯難行也。利用恒。无咎。未失常也。不犯難行。乾知險也。恒常。异義説在恒象。此言能恒其德。則雖无成功。而未失常居。亦不犯難行之事也。需于沙。衍在中也。雖小有言。以吉終也。衍。水溢也。有盈而无用意。剛中无應。无所用其力。故曰衍在中。互卦雖有兌言。然變之既濟。故終吉也。需于泥。災在外也。自我致寇。敬愼

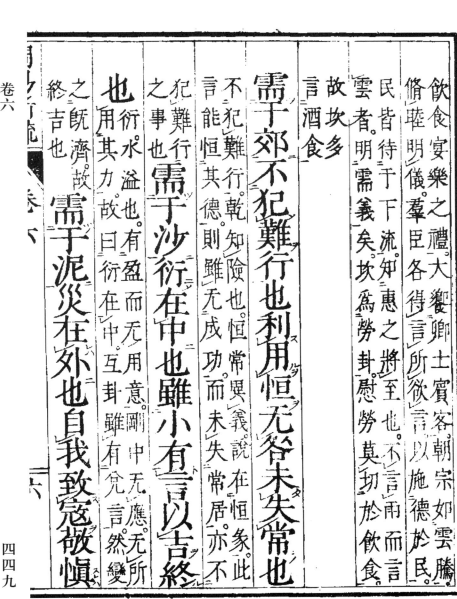

不敗也。災。謂坎外。謂外卦。不自外來。而自我致寇。无所歸咎。故節象曰。又誰咎也。然敬愼則不敗也。敬愼乾象。古本寇作戎。需于血。順以聽也。居上之下。而陰柔。故曰順。又坎爲耳。連三五離。坎爲兌。耳明而聽。故曰聽。言順承以待君命也。酒食貞吉。以中正也。古本酒上有需字。不速之客來。敬之終吉。雖不當位。未大失也。五爲需主。設酒食而待。是爲當位。上乃无復所待。故曰不當位。以釋不速之意也。言雖不當需主位。然能敬來客。則不至大失也。王弼曰。處无位之地。不當位者也。本乎乾上文言无位。然无位非不當位之義。且噬嗑象以五爲不當位。謂之何。程頤曰。不當位。謂以柔而居上也。朱熹曰。以柔居上。是爲當位。言不當位。未詳。考成謂當位與位當異義。當位猶云當國當路。謂當專任之居也。位當謂剛柔之才與陰陽之位相稱耳。象曰當位者二。賁蹇之四是矣。曰不當位者三。需上解困之四是矣。曰位當者。唯臨四耳。曰位不當者十六。散見諸卦。而言於五者。唯大壯耳。言於四者五。其餘皆言於三。危地也。而不言於初上與二。夫初上无位。非言位之居。而需上言之。解者之所以難也。能辯當位與位當之分。則亦何疑之有哉。若夫二之不言位。則有說焉。中於下而執事。居退而任重。所主在中。而不在位。故稱中而不稱位。其以正稱之如豫晉。亦皆連言中正。以所尚在中也。初則專稱正。一无言位者矣

天與水違行訟。君子以作事謀始。程頤曰。天上水下。相違而

行。有争訟之象。絶訟端於事之始。則訟无由生矣。謀始之義廣矣。若慎交結明契券是也。人或以天左旋水東流釋違行者。拘於區域者之言耳

不永所事訟不可長也雖小有言其辯明也

初知訟之不可長。而不永其事。故不至訟。而終吉可以得焉。是故君子无所争也。變履辯上下。故曰辯明

不克訟歸逋竄也自下訟上患至掇也

二與五敵。下訟其上。其患必至。是求取之也。掇因變互艮爲手指。王肅曰。若手拾掇物然

食舊德從上吉也

上乾爲君。不曰從君而曰從上者。明從時王政令也。三有諸侯象。諸侯非純臣。故其言如此

復即命渝安貞不失

也。訟非美事。故以不失爲吉。若其訟勝乎。訟及至逮辱。故於上則戒以不足敬也。

元吉以中正也。人情有好知之失。聽訟者所宜慎焉。故贊元吉以中正。蓋戒之也。

象曰。尚以訟受服亦不足敬也。敬因乾象中正。亦同意。

地中有水師君子以容民畜衆。能容養民畜兵衆於其中。乃地中有水之象。寓兵於農。制之田里。以安其業。保結連坐。以備其用。則平時无素食之人。古之制也。後世兵農判矣。負耒耜者不知戰。執干戈者不務耕。士生逸樂。奢侈成俗。財用殫焉。人馬弊焉。乃至募市井游手。農間羸弱凍餒之人。以供列卒。豈武德安世之備哉。如李抱眞民兵。不可不講也。抱眞爲澤潞留後。籍民三丁。擇一蠲其租稅。給以弓矢。令暇日習射。歲終大校。比及三年。皆爲精兵。成卒二萬。後諸叛繼起。關河南北。悉爲盜區。抱眞獨以數州橫絕其中。躊躕四顧。莫敢輒侮之者。然則不患无兵。兵不患无食。所患治之无人。制之无法耳

師出以律。失律凶也。失律。釋經否臧。胡炳文曰。律令謹嚴。出師之常。其勝負猶未可知也。故不言吉。出而失律。凶立見矣。在師中吉。承天寵也。王三錫命。懷萬邦也。寵。如寵之四方之寵。羣柔中唯一剛。中於下而師衆。是承天寵者也。剛。天德。故言天寵。若其行不仁不義。而獲罪於天。不啻无成功之吉。王錫亦不可得焉。戒意深矣。師或輿尸。大无功也。經以凶斷

其疑。象以大无功。發凶義也。大因變剛

左次无咎，未失常也。

凡戰擊其微靜，避其强靜，擊其倦勞，避其閑窕，擊其大懼，避其小懼，自古之政也。故左次雖无功，亦未失用兵之常也

長子帥師，以中行也。弟子輿尸，使不當也。

中行謂二。委於二，使當也。使近臣與謀，則使不常也

大君有命，以正功也。小人勿用，必亂邦也。

大君正功。其受爵土者，亦宜對王命以正臨其下。若耽逸遊財利，而用小才之人，則必亂其邦矣。亂邦，諸侯之事。不言家者，卿大夫之行與國之治亂也

地上有水比，先王以建萬國親諸侯。

比爲輿王象，乃湯武

之事。故特稱先王。又曰建萬國。程頤曰。物相親比而无間者。莫如水在地上。先王以親撫諸侯。所以比天下也

比之初六有他吉也比初遇六。則有他吉矣遇八則徙无咎耳。不能有他吉也

比之自内不自失也不變則不自失其正乃貞吉也

比之匪人不亦傷乎如殷人應武庚。范增從項羽。至於死亡。亦其意有可憫傷者矣

外比於賢以從上也賢。謂五也。五君位而曰從上者。比時君臣分未定也。其意與訟三同。言能貞以比於五則吉。如蕭曹之從漢王。若變剛勢迫於其上。則至速韓彭之凶也

顯比之吉位正中也舍逆取順

失前禽也邑人不誡上使中也上使如管子上使不時司馬法上使民不得其義之上使中因應二而言得其時義也不言正者惟稱其无過度耳王者之比諸侯也寇則驅而舍之歸則取而撫之偃武修文不遑淫威邑人之所以安也程頤曰禮取不用命者乃是舍順取逆也比以向背言去者爲逆來者爲順舉正曰失前禽舍逆取順也今誤倒其句東涯曰審文勢非誤倒但禽叶韻依舊爲是

比之无首无所終也比窮於上而柔虛變巽爲不果爲不成故无所終也如陳嬰屬楚比之得首者也雖義帝更始之凶豈无處之之道乎是故春秋美紀侯大去矣

風行天上小畜君子以懿文德大禹謨曰誕敷文德論語曰遠

人不服。則修文德。蓋武力有限。文德之化。无窮已矣。譬之風化。莫遠不届。但其德文柔。猶風之有氣而无質。其所含蓄。順而不逆。漸而後施。所以爲小畜之象也。胡且以爲文王之道得之矣。程朱泥小畜之名。以懿文德爲美文章才藝。不能厚積遠施之義。違聖經遠矣

復自道其義吉也 變巽爲申令。初將從令而之。以其无應。故自道復。有違令象。然能稱時變。猶殷士之服周。雖非常事。其義吉也

牽復在中亦不自失也 亦承初辭也。雖不如初之斷。然以在中。亦不自失矣

夫妻反目不能正室也 三四非應相瀆

有孚惕出上合志也 上。謂五上

有孚攣如不獨富也 巽風以散其富

既雨既處

德積載也君子征凶有所疑也積載謂畜積之久至上而成也疑弜象三軍之災生於狐疑或曰疑舊作礙亦通然不知弜疑象之明矣

上天下澤履君子以辯上下定民志上天不可升下澤承汙穢尊卑之分也君子以辯上下使各履服色度數之禮王公尊於上臣屬卑於下上下辯明下无覬覦之心民志定矣

素履之往獨行願也從吾所好幽人貞吉中不自亂也履中不變亂也眇能視不足以有明也跛能履不足以與行也咥人之凶位不當也武人爲

于大君志剛也位不當。謂彖小居過陽爲卦主也。于當作干。干犯也。志剛。謂欲變之乾也。

愬愬終吉志行也天風布化而下說。志行象夬履。

貞厲位正當也唯五兼言正當者。尊以專制。正以服人。當以不過也。有此三善。夬履自用。不能卑聽。危之至也。

元吉在上大有慶也履上師保之居。无他職掌。其要在元之一字。故特揭元吉也。在上者慶之所及大也。慶因兌說。

天地交泰后以財成天地之道輔相天地之宜以左右民財。裁通。裁成天地之道。謂如定四時成歲。彌成五服類。所謂範圍天地之化者也。輔相天地之宜。謂天時地力各隨其宜。而樹藝營爲也。則是地平天成之事。

唐虞羣后之所以賛贊而其功成於大禹然則此后蓋指禹矣夫泰者上地下天人身具泰象乃知人有能使天地之氣相交之性扇爐燭鑄之用耕耨培裁之功雖小可以譬大故財成輔相人之道也老莊任天之言一誤之天非人之道也賈誼曰立君臣等上下使父子有禮六親有紀此非天所爲人之所設也夫人之所設弗爲不立弗殖則壞如董仲舒曰道者所繇適於治之道也又曰天者羣物之祖遍覆包函而无所殊聖人法天而立道溥愛而亡私道之大原出於天天亦以道爲聖人所立惟其所立本之天故曰大原出於天耳自揚雄著大玄潜聖經而後儒者溺於玄理以虛无爲宗旨以天理自然爲人道是皆昧乎泰卦之象不知天人之分故也

拔茅征吉。志在外也。志在外。因有應於外卦。初未能大行。故曰志

包荒。得尚于中行。以光大也。光大。謂剛變柔。雖有善。然其所以包荒得尚。以剛德也。

无平不陂。天地際也。既進乾坤際。含天地之道消長之象。呂祖謙曰。无平不陂。今本作无往不復。東涯曰。爻辭復與福叶。故象只舉下句。今本爲是。

翩翩不富。皆失實也。不戒以孚。中心願也。皆失實。謂三畫皆柔虛。中心願。謂有應於下。而中心願降德也

以祉元吉。中以行願也。四雖孚矣。未能行焉。中心願耳。五以居中。能行其願

城復于隍。其命亂也。變艮成言。有命象。命亂。其勢不可止也

天地不交否君子以儉德辟難不可榮以祿節儉之德可以處約能處窮約以辟時難如是之人不可榮之以祿若不能節儉仰不足以事父母則不遑擇祿而仕難之或不可辟也宋儒以儉財爲易事故以儉德爲收斂其德義其意在欲務深其解矣舜稱禹以克儉于家儉之爲德豈不美哉且夫儉者仁之術也在爲上者其德最大故曰節用而愛人

拔茅貞吉志在君也變象不偏與四應有大有爲之志故曰志在君謂之志者與泰初同君謂上乾古本茅下有茹字東涯曰君非專指五也與泰初在外義同變外言君

大人否亨不亂羣也不亂羣柔有和光同者便顧耳

麗意。蓋處衰世之道、爲爾羣因坤象。**包羞位不當也**與履三相似。彼爲卦主。故凶。此則接於外乾而包羞耳。**有命无咎志行也**象亦似履四。加以觀化其義大於履四。**大人之吉位正當也**位正當、亦說在履象。胡炳文曰、以大人而處二、有德无位。當守其否而後道亨。以大人而居五、則有德有位。能休時之否矣。**否終則傾何可長也**如有依不爲臣。東征綏厥士女之時、否將盡矣。然傾出其否。譬如蠱用吐方。故戒以不可長也。

天與火同人君子以類族辨物人之相同、猶火炎歸天。不可得而識、則別焉類其族黨、辨其物采。使之不混同、則雖百萬衆、可得而治矣。此以會同言之也。

物物色人之所見謂旌旗車服之屬

出門同人又誰咎也 經曰于門者門內也門內之同雖无咎嫌於私黨故曰出門變象應四同于艮門外又誰咎之有乎避嫌疑之道也出門象與隨初同

同人于宗吝道也 同人象王霸會諸侯乃天下公事故初欲其出門二五雖中正相應于宗則不免吝道矣曾齋心法曰伊洛諸先生有同人於宗之弊其氣類同者則推尊標榜无所不至其不同者則擯斥不能合謂其同者皆善類不同者皆惡人也寧有此理此所以百年孤立且有仇敵惜哉

伏戎于莽敵剛也三歲不興安行也 敵謂外卦安猶何也

乘其墉義弗克也

其吉則困而反則也 朱熹曰。乘其墉矣。則非其力之不足也。特以義之弗克而不攻耳。能以義斷困而反於法則。故吉也。春秋書晉人納捷菑于邾。弗克納。穀梁傳曰。弗克。其義也。公羊傳曰。郤缺曰。非吾力不能納也。義實不爾克也。胡炳文曰。弗克納。似於此經弗克攻矣。弗克其義也。似於此象義弗克也

同人之先以中直也大師相遇言相克也 不曰正而曰直者會韻。如二君。故曰相克

同人于郊志未得也 可變以安於事外耳

火在天上大有君子以遏惡揚善順天休命 火在天上。所照者偏。爲大有。乃守成之象。遏惡揚善。大明聲教。以照遠近。則順天休命。可以永

保其有也。過揚莫烈於火力焉

大有初九无交害也无交。故有害。變象與四應。其害可免。故稱九

大車以載積中不敗也德義積中。而家國可得而保矣

公用亨于天子小人害也害。謂變象曳掣天劓之屬

匪其彭无咎明辯晳也晳。明貌。明辯晳。皆以離言

厥孚交如信以發志也文明之交。下信以感。發其志。然

威如之吉易而无備也乾有易象。又有戰象。故不臨之以威儀。則下慢易。而失不虞之備。所謂天下雖安。忘戰必危者也

大有上吉自天祐也有窮必亡。故无天祐。則不能吉

地中有山謙君子以裒多益寡稱物平施貴者謙與

賤者齒讓猶山與地平然謙讓之美釋象盡
之矣此更因其平象以舉平施之義也孔子
曰有國有家者不患寡而患不均又曰周急
不繼富管子曰今君躬犁墾田耕發草土得
其穀矣而有餓餒於衢閭者穀有所藏也今
君鑄錢立幣而民有賣子者財有所并也謂
高下分并財散積聚唯輕重之家能之耳慮
戲以來未有不以輕重而能成其王者也亦
皆此事也故漢書食貨志曰易稱裒多益寡
稱物平施書云楙遷有无周有泉府之官而
孟子亦非狗彘食人之食而不知檢野有餓
莩而弗知發故莞氏之輕重李悝之平糴弘
羊均輸壽昌常
平亦有從來

謙謙君子卑以自牧也牧。謂牧牛也。因艮山離牛。言牧以韻。以言處卑下。當謙之初。動而明夷。故雖君子之人。亦自耕牧。可以全性命矣。是顏閔之所安也。

鳴謙貞吉中心得也中正而止。中心自得。不求應於上而靜。故雖有鳴象。不敢鳴。所以貞吉也。

勞謙君子萬民服也萬民以羣柔言

无不利撝謙不違則也其居既高。故雖謙亦有儀而存矣。不爲卑野之行。詩云敬愼威儀。維民之則

利用侵伐征不服也不服。謂不服於謙讓之化

鳴謙志未得也可用行師征邑國也謙者不得志於目前。而能有終者也。上六其志未得。而其事既窮。不得已而鳴謙者也。故不可

用國容。而可用軍容矣。古本可作利

雷出地奮豫先王以作樂崇德殷薦之上帝以配祖考

雷長萬物。出則興利。仲春發聲萬物和豫。先王作樂天下和矣。崇德尊崇祖宗功德。頌之歌詠。而使人仰之也。殷。盛也配祖考者。若孝經所謂郊祀后稷以配天。宗祀文王於明堂。以配上帝是矣。上帝。謂古之帝王祭以配天者。故商頌曰古帝古帝配天尊曰上帝。故經稱天稱上帝。莫所識別。一本之義也。後之王者。其始祖雖非帝。亦配天。若夏郊鯀。殷郊冥。周郊稷。可見。是故上世之帝。太皞炎帝黃帝少皞顓頊。其所作興。生民之業。功德與天地同流者。稱之五帝。以配五行。兆於四郊。又祀明堂。明堂五室。見考工記。一帝一室。爲五帝彰矣。而孝經則曰上帝。是非五帝之外又上帝也。班孟堅明堂詩。上帝宴饗。五位時序。此以上帝爲五帝。未失古義。但周禮司服曰。王之吉服。祀昊天上帝。則服大裘而冕。祀五帝亦如之。昊天上帝。蓋言禘矣。周禘嚳。嚳非五帝數。故五帝之外。又言上帝。家語五帝篇。置辭駁雜。漢儒以爲五行之神。非也。又有以黃帝顓頊帝嚳堯舜爲五帝者。亦出家語。稱始爲衣裳之治者。而仲尼祖述堯舜二帝。非配祀五行者也。明乃謂五行更王。王者皆相承。至曰堯火德。舜土德。夏金。殷水。周木。漢火。蔽惑甚矣。爾後反覆之。主相因以文其醜。隋繼北統。其陋息矣。雖然如程朱氏曰。以形體謂之天。以主宰謂之帝。以性情謂之乾。无

瞽之言耳

初六鳴豫志窮凶也柔小在微下而欲與四同謀安變而鳴其豫是其志之所以窮是以凶也

不終日貞吉以中正也

盱豫有悔位不當也

由豫大有得志大行也志字與初相照

六五貞疾乘剛也恒不死中未亡也稱六五者明貞疾之言乎變也變正非有所疾然本柔乘剛而傷故雖變猶疾耳以其在中故不至亡也胡炳文曰處上卦之中則位與號猶未亡也周衰之時權歸伯圖周雖微弱亦以久存此文近之

冥豫在上何可長也不可不變其行也

澤中有雷隨君子以嚮晦入宴息兌爲正秋雷始收聲雷蟄

兌澤君子以隨時休息如周公坐以待旦孔子終夜不寢雖息猶思道訓故息有止而又生意宴宴寢也宴息皆兌象程頤曰隨時之義萬事皆然取其明且近者言之及嚮昏晦則入居於內禮君子晝不居內夜不居外丘富國曰如雷出地奮豫作樂崇德雷在天上大壯非禮弗履天下雷行无妄對時育物皆法雷之動也如雷在地中復閉關息旅澤中有雷隨嚮晦宴息皆法雷之靜也孝成謂天行健君子以自彊地勢坤君子以厚德之屬凡大象之言莫非法卦象者法卦象者能體天道是以自天祐之吉无不利也

官有渝從正吉也出門交有功不失也正謂不變之貞也不失亦不失正也係小子弗兼與也係小子則失丈夫弗兩係

必矣。故曰弗。凡言弗者。皆倣此。弗字義在同人九四。

係丈夫志舍下也

下。謂初。弗兼與。則欲舍一。與初文互相發矣。但三四非應。不可係之。故舍下。亦唯志耳

隨有獲其義凶也有孚在道明功也

不義而富且貴。如浮雲。所以凶也。若有孚在道如也。四則可謂明功矣

孚于嘉吉位正中也

不曰以正中。而曰位正中者。所重在位也。如比五。巽五。及渙五。正位皆同。義與需上履五所註合考。其言无所苟可見。先儒多以爲文辭音韻。經中淺事。於此等處總不留意。遂至於裂象韻語附之各爻下。亂亦甚矣

拘係之上窮也

上。位外也。位外之人。窮而將盡。所以拘係之也

山下有風蠱君子以振民育德風遇山而回。則山下之物皆蠱敗。彖纂君壞倫理。故君子以振整民俗。育成民德。李舜臣曰。振民者。猶顨風之鼓爲號令也。育德者。猶民山之養成材力也。育德。多取於山。故彖亦曰育德

幹父之蠱意承考也父雖不善。豈有敗家國之心乎。唯其事不善耳。幹蠱之初。不承其事。而承其意。故張浩子曰。此善繼父之志者也

幹母之蠱得中道也子之於母。不主高義。故稱得中道也。中道中行同義

幹父之蠱終无咎也以過剛。故雖小有悔之則无咎。故言終

裕父之蠱往未得也變鼎折足。雖往亦未得取新也

幹父用譽承以德

也承即承考也。以用也。以德謂用二也。君道不貴自用。而貴任賢用德之所以爲譽也

不事王侯志可則也雖不事王侯以飭蠱。然其志在揭世道於位外。而不枉以徇時。故可則矣。若徒消遙乎清虛无爲之境。不以人事累心者。與於陵子仲上不臣於王。下不治其家。中不索交諸侯。率民而出於无用者何別。非志士仁人之所則也。故韓愈曰。山林者士之所獨善自養。而不憂天下者之所能安也

澤上有地臨君子以教思无窮容保民无疆孔穎達曰。地臨於澤。在上臨下之義。其下莫不喜說和順。在上但須教化思念无窮已也。朱熹曰。教之无窮者兌也。容之无疆者坤也

咸臨貞吉志行正也二方用事。初唯有行正之志耳

咸臨吉无不利未順命也不順命者。語直道也。直道之行。非咸臨之至。則不能矣。唐虞君臣。都俞吁咈於一堂上。其親如家人父子。豈不至感乎。且夫感有邪正。故以吉斷之。又以未順命稱其直矣。蓋勿面從有後言之意云。孔穎達曰。若純用剛。則五不從。若純用柔。又損己剛性。必須商量。未可盡順五命。有從有否。獻可替否之義也。孔云用剛用彖者。似知變者焉。但未能辯九六之名。故其言如隔靴搔痒也

甘臨位不當也既憂之咎不長也

至臨无咎位當也

大君之宜行中之謂也執其兩端。用中於民

敦臨之吉

志在內也變損上皆應下而上爲艮主故曰志在內

風行地上觀先王以省方觀民設教風行地上有徧歷周觀之象觀品物風化而培養可施焉先王省方觀民俗以設聲教丘富國曰省方觀民乃坤之象設教乃巽命之象

初六童觀小人道也衆庶之所道在君子則爲鄙吝童觀因變震奔走故言初六

闚觀女貞亦可醜也亦承初也

觀我生進退未失道也初二非君子觀道三則進退在我而能自審雖不如四之觀光未失君子道也

觀國之光尚賓也以賓禮尚諸侯國光之大者也

觀

我生、觀民也 民俗善惡、由君道得失。故常觀民以順其德。象因卦主、故曰有孚顒若、下觀而化、亦以民言之。君以民爲生也。書曰、萬方有罪、罪在朕躬。觀其生、志未平也 位外之人、不得行事。故雖爲人所仰觀、其志不平也

雷電噬嗑。先王以明罰勑法 蔡邑石經作電雷爲是。明罰勑法、取象於電雷明威。法罰所以輔化、而少恩則反敗化。故噬嗑與賁對、而後其義始全。徐幾曰、明罰者、所以示民而使之知所避。勑法者、所以示民而使之知所畏。此先王忠厚之意也。未至折獄致刑處。故與豐象異

屨校滅趾、不行也 震爲坤滅其足、是以不行。所以无咎也

噬膚

滅鼻乘剛也 [乘初剛而能折之] 遇毒位不當也 [己不正而欲正人所以遇毒也] 利艱貞吉未光也 [未光以變柔而言若見其剛德以光則反失吉利矣說者或謂四以剛能斷故吉之言獨歸之四法家論耳吉凶者斷疑辭且士於折獄者二也而聽之宜在柔語曰刑罰如加之於身豈貴剛果乎故此亦以未光釋吉利孝成與聞獄訟殆二十年雖不能聽猶人而竊感乎未光之訓有焉] 貞厲无咎得當也 [五非當折獄之位者而陰陽位亦不當但虛中柔聽居尊斷之无人不服故單言當也折獄得其當之義也] 何校滅耳聰不明也 [離聽爲震鳴耳鳴而聰不明也]

山下有火賁君子以明庶政无敢折獄程頤曰山者草木百物之所聚生也火在其下而上照庶類皆被其光明爲賁飾之象君子以脩明其庶政成文明之治而无果敢於折獄也程迥曰離爲刑獄之象凡四卦賁旅不嫌於用明故稱火豐噬嗑稱雷電者暫明於幽暗之間不以爲常也孝成謂无敢折獄猶孔子赦父子訟者意明庶政全卦象无敢艮止折獄離明

舍車而徒義弗乘也君子而爲小人之事者決於義而不仕也

賁其須與上興也與三四共奉五而興

永貞之吉終莫之陵也終因離終賁成互坎被侵陵於二四然永貞則終能成其賁二四不能侵陵以

陷沒之所以吉也**六四當位疑也匪寇婚媾終无尤也**六四謂變當位謂當進賢之任也變互有坎故疑也无尤謂无寇象言勿疑變其常初雖或非議之終无尤之者也離四有焚死棄之禍者突來自用也賁四則求初剛而後往故无无也**六五之吉有喜也**變坎雖吝亦得吉故曰六五之吉喜謂家人交相愛也**白賁无咎上得志也**居位外而篤實又晦其光而之坤柔不事文飾以之爲得志賁上之高致也

山附於地剝上以厚下安宅剝者下剝上之名也此則亙是言治剝之道山附於地巍然不動治剝在上厚下厚下坤厚象安宅艮門闕止於順上象釋彖

所謂觀象者也。程頤曰。爲人上者。以厚其本乃所以安其居也。書曰。民是邦本。本固邦寧

剝牀以足以滅下也 滅下謂虐民也

剝牀以辨未有與也 上剛與三而未與二

剝之无咎失上下也 三獨應剛。而上下各有二柔。變止其際。故爲失上下

剝牀以膚切近災也 剝至牀上。身近於災也

以宮人寵終无尤也 雖女寵。變巽有風化象。窈窕淑女。人雖尤之哉

君子得輿民所載也小人剝廬終不可用也 變則羣柔喪其主。雖衆不可用也。朱熹曰。唯君子乃能覆蓋小人。小人必賴君子以保其身。今小人剝君子。君子亡則小人亦无所容其身。如自剝其廬也。自古小

人欲害君子。國破家亡。其小人未嘗有存活者矣

雷在地中復。先王以至日閉關。商旅不行。后不省方。

程頤曰。雷在地中。陽始復之時也。陽始生於下而甚微。安靜而後能長。先王順天道。當至日陽之始生。安靜以養之。故閉關使商旅不得行。后不巡省方。都潔曰。舜十一月朔巡守。則知巡守者是月也。不省方是月之至日也。孝成謂。先王以殷周言。后謂夏后。夏承虞。巡守蓋如舜典矣。至殷周則巡守希見。故不省方特言后也

不遠之復。以脩身也。

程頤曰。脩身之道。无他也。惟其知不善。則速改以從善而已。

休復之吉。以下仁也。

陽氣復於地下。天地生物之心

見矣。於人爲好生之德。故以初剛爲仁人。爲二能下之者。謂不之而爲剛臨事而復正以順從於初也。彖象言仁唯此耳。而以初復脩身爲仁。與克己復禮九經脩身相發。皆爲仁由己之意矣。蓋仁者心之德也。在心者不可得而見焉。故孟子以惻隱之感明其固有也。仁字義在文言說卦。

頻復之厲，義无咎也。與小畜初復自道其義吉。意相似矣。之卦所謂明夷得大首者。故義无咎也。

中行獨復，以從道也。道亦指初。惠迪吉。從逆凶。惟影響。從道之吉可知也。且初有好生之德。以爲脩身之事。此以從初爲從道。可見君子之道唯仁而已矣。苟志於仁。其吉豈假言哉。程頤釋此文曰。四行羣柔之中。而獨能復。自處於正。下應於陽剛。其志可謂善矣。不言吉凶者。蓋以柔居羣柔之間。初方甚微。不足以相援。无可濟之理。故聖人但稱其能獨復。而不欲言其獨從道而必凶也。朱熹曰。未足以有為。故不言吉。然理所當然。吉凶非所論也。是程朱不啻不知吉凶所以斷而已。又不知吉利之分矣。其所引仲舒之言。亦失其義。仲舒所謂仁人者正其義。不謀其利。明其道。不計其功者。擇吉而行之謂也。正義明道行之吉也。苟其行吉乎。功利天也。不可期焉。故不計謀焉耳。吉凶利不利辯在謙初矣。

敦復无悔。中以自考也。考成也。无輔於下。有屯於變。唯以在中。自成其德。无悔耳。

迷復之凶。反君道也。昏迷不恭。反道敗德。

天下雷行。物與无妄。先王以茂對時育萬物。天下

雷行。蟄蟲動。萌芽振。萬物自然有得焉。故爲物與雷行共无妄也。先王以盛對天時、發育萬物。使遂其无妄之性。禮樂之化爲爾

无妄之往、得志也。无所期望、則无所志。變象應四、以彙而進。故爲得志也

不耕穫、未富也。不耕穫而出奉五者、富亦自至。但其所期望在仁而不在富。且二本柔虛、變履幽人、皆非富象。故曰未富也。古時有富與仁對說者。如鮑文子所謂親富不親仁。孟軻曰、不行仁政而富之。可見。如去仁惡乎成名。亦以貧富發端。陽虎曰、爲富不仁矣、爲仁不富矣。不必鄙語。陽虎雖亂、其口有微辭。如曰月逝矣、歲不我與、可見焉。是其所以敗於魯、而用於齊。不得於齊則舉於晉也。是故惡夫佞者。

行人得

牛邑人災也有无望之福。又有无望之災可貞无咎固有

之也孟子曰非自外鑠。我固有之。語性也。戰國策。人心固有註。有猶欲也。義相通。夫

性中有之必欲之。至陰柔之所欲往而安焉。性之所有也无妄之藥不可

試也試用也。不可用。謂不可妄動自用明也无妄之行窮之災

也三上卦窮。故皆有災。不幸爲災。過誤爲眚。經以人言。故曰眚。象以時言。故曰災

天在山中大畜君子以多識前言往行以畜其

德前言往行逝而无跡。猶化工之无跡。乃天象也。有文籍記而止之。逝者有跡。君子學

以識之。以蓄其德。巍然而高。乃山象也。前言往行之在身。以生事業。亦猶天氣在山中。能

生貨財也。夫大畜時也。无妄災也。時過不學。无妄之災。不可免焉。戒意深矣

有厲利已不犯災也變巽稱時輿說輹中无尤也得中而不妄進雖性健无尤也利有攸往上合志也變振得其爻者也

六四元吉有喜也之卦亦有互兌故曰有喜六五之吉有慶也承上文有喜。而曰有慶。但喜自喜也。慶則福及於人。乃變巽風化之施也。故言六五之吉何天之衢道大行也初不犯災。則四有喜。二无尤。則五有慶。此四爻皆成畜者也。上合志於三。而道大行。丘富國曰。畜而至此。畜道散。是矣

山下有雷頤君子以愼言語節飲食山下有雷。能發育草

木頤養之象。慎言語節飲食。養德養身之要也

觀我朶頤。亦不足貴也　四朶養於我。我乃動心於口腹。雖剛亦不足貴。項安世曰。亦不足者。示其本貴也

六二征凶。行失類也　變損。損下。兌說奉五。其行與羣柔背。故失其朋類也

十年勿用。道大悖也　頤養貴正。三爲不正。故其道拂悖也。言大者。以居下之上也。凡大字有因剛者。有因上者

顛頤之吉。上施光也　上謂五也。光因變離。養賢於下。以承尊位。能使上施光。吉凶之所以與二反也

居貞之吉。順以從上也　順因變巽

由頤厲吉。大有慶也　大有慶。與履上同。彼因變兌。此因變坤

澤滅木大過君子以獨立不懼遯世无悶丘富國曰澤本潤木今在木上而至於沒木大過之象也人之常情獨立而莫我輔者必懼遯世而莫我知者必悶惟聖賢之卓行絶識大過乎人故能不懼无悶獨立不懼巽木象遯世无悶兌說象王宗傳曰當大過之時獨立不懼遯世无悶非所養之大過人者不足以語此孔子曰勇者不懼仁者不憂是也

藉以白茅柔在下也入在最下畏敬之過也老夫女妻過以相與也剛過於柔而初二相與棟橈之凶不可以有輔也三應在上而不顧下乘承亦无可以爲輔者矣棟隆之吉不

橈乎下也得輔於初枯楊生華何可久也老婦士夫亦可醜也五上相與。雖過時不得已之事。亦可醜矣過涉之凶不可咎也其行雖不軌於中道。過高自說至凶。亦足以使懦夫有立志矣

水洊至習坎君子以常德行習教事脩德於身。行之於人。謂之德行。見孔安國孝經註。平常應接。必所當愼。故常之也。教事以武備言。坎險象。孔子曰。教民七年。可以卽戎。其事則周禮大司馬。振旅茇舍治兵大閱是矣。習貫成則民體俗可以應卒。故習之也。二者皆取象於水洊至。混混不舍也

習坎入坎失道凶也失出道求小得未出中也

雖剛亦在險中。故不能大得。變柔可以求於五而小得也。**來之坎坎終无功也**井三不食心惻者也。**樽酒簋貳剛柔際也**剛柔指四五。朱熹曰。晁氏曰。陸氏釋文本无貳字。今從之。似是。**坎不盈中未大也**雖剛以坎中无輔。未得大行。故變小反得无咎也。**上六失道凶三歲也**變弱入窮。故失出道。竊疑凶出之誤。而上闕不得字。言不得出三歲也。

明兩作離大人以繼明照于四方徂徠曰。凡大象曰君子者通于上下。曰先王者指湯武。曰后者指禹。曰大人者指文王。文王未定王位。故以大人稱之。蓋文王先於紂歿。是殷命將移而未絕矣。文王繼興。乃明兩作之象也。孝成謂殷紂之時設令无周之服事乎。天下爲戰國久矣。故隨上曰拘係之。乃從維之。王用亨于西山。升四岐山之亨。象釋之曰順事也。皆言能和順人。亦可以譬畜牝牛矣。孔子至謂德仁管仲亦冀相諸侯爲霸而興東周耳。而又小管仲之器者。蓋心期文王至德焉。故曰君君臣臣安老懷少。此中庸德行。非坤正順之至者乎。畜牝牛之與照于四方。相發如是

履錯之敬以辟咎也不敬則不免咎矣黄離元吉得中道也凡中而不正。以中道稱之。離二中正。以韻故曰中道日昃之離何可久也突如其來如无所容也朱熹曰。无所容。言焚死棄也六五之吉離王公也涕沱戚嗟。非吉道也。而言吉者。

變乾能成君象。故曰離王公。孔穎達曰。連王而言公。取其便文以會韻也。

王用出征以正邦也

下象

山上有澤咸君子以虛受人

澤氣潤下。山能含潤。感生品物。以喻含己從人。學以成才。受人之道。莫善於虛己。虛者。艮內柔象。外兌有言。艮虛受之。又艮爲少。弟子職曰。溫恭自虛所受是極

咸其拇志在外也

外謂四。雖與四感。拇不足以動身。唯有志而已

雖凶居吉順不害也

順謂變巽。變亦有感象。然下比而不進。可以爲居矣。

老夫女妻不害也咸其股亦不處也志在隨人所執

下也初二性柔。感而不止。二為艮主。亦不處矣。所執之志。卑下而在隨人。无獨立之操。可謂吝也貞吉悔亡未感害也憧憧往來未光

大也未感害。言變正未為感所害也。未光大。言不貞固。則雖剛未能成光大也咸

其脢志末也德行本也。言語末也。五比於上。有將騰口說之志。故曰志末。以

戒不變則不能无悔也。蓋言行君子之所以動天地也。下卦行象。以靜為吉。上卦言象寡

則无悔矣咸其輔頰舌騰口說也滕騰通。揚也

雷風恒君子以立不易方雷風者。恒遇者也。以喻君臣之遇也。立者。

立於位也。方如就養有方之方。謂人臣所守。各有義方。而不轉移也。乾自彊不息。創業象也。坤厚德載物。守成象也。乾坤相承。大範建焉。咸虛受人。學之則也。恒立不易方。官之守也。咸恒相對。學優則仕之義見焉。餘卦大象。皆自此四者出矣

浚恒之凶。始求深也。居恒之始。而求於四。爻淺而求深

九二悔亡。能久中也。變正无應。能止而靜。恒久而中

不恒其德。无所容也。往來皆見棄於人也

久非其位。安得禽也。安何也。安得。勤辭也。言宜早正其位也

婦人貞吉。從一而終也。夫子制義。從婦凶也。五之應二。以柔聽剛。猶婦人從一而終其身也。從二。謂未

嫁從父。既嫁從夫。夫死從子。所謂不貳斬之義也。從婦謂從婦言也。義者臣道也。而士守矣。大夫裁矣。故曰夫子制義。制裁也。

振恒在上大无功也　在上恒振。

爲善不終。今其前功而敗之。故曰大无功。大字義見頤卦。

天下有山遯君子以遠小人不惡而嚴　小人在下者之遍稱也。仁人能愛人能惡人。故君子亦有惡。然細小之人。不必爲惡。故不惡矣。嚴如嚴君之嚴。父母雖嚴。豈惡家人乎。但不褻近耳。仁之術也。張清子曰。天之與山。勢本遼絶。自下觀之。山之巓即天也。及登山之巓以觀天。而天愈高愈遠。愈不可及矣。遠如敬而遠之之遠。遠小人。艮止象。不惡而嚴。乾剛象。

遯尾之厲不往何災也止於彖剛而不往不見離明於世則雖危亦何咎之有矣執用黃牛固志也固守欲止遯之志而不變也變象巽躁不能固志故戒之係遯之厲有疾憊也畜臣妾吉不可大事也憊疲病也大事謂戎如劉先主不忍棄民終致大敗係戀之失也君子好遯小人否也好遯君子之事也柔小之人柔正可以无咎不可事高致矣嘉遯貞吉以正志也變則不正故雖遇變其志可以守正也肥遯无不利无所疑也疑變兌反象義如損初之疑雷在天上大壯君子以非禮弗履雷震天上威動大壯其力

有餘。然剛既至四、不敢履尊位。君子以非禮弗履。禮者天秩。其用反卑。因乾在下履、因震足在上。程頤曰、赴湯火蹈白刃可能也。至於克己復禮、則非君子之大壯不可能也。

壯于趾、其孚窮也。壯於下而无應。故雖有信於人、然窮而不能成功也。

九二貞吉、以中也。中於下而壯有陵君之勢。故不變而正其義、則不能吉也。

小人用壯、君子罔也。罔昏蒙也。君子罔、猶言肉食者鄙未能遠謀。罔上省用者。明用之爲辭。

藩決不羸、尚往也。上爻觸藩而羸。此則決而不羸。故貴尚其往也。

喪羊于易、位不當也。變剛位當而有兌羊。爲將以剛壯制下之象。來歸則位不當而喪其羊象。程頤曰、君之權足以制乎下、則雖有

強壯跋扈之人、不足謂之壯也、必人君之勢有所不足、然後謂之治壯、故治壯之道、不可以剛也、

不能退、不能遂、不詳也、艱則吉、咎不長也、

程頤曰、進退不能、自處之不詳愼也、艱則吉、自當變矣、

明出地上晉、君子以自昭明德、

自昭者、躬自務行、以明示於人之義也、明德、謂君上文明之德、衆之所仰瞻也、君子明明德於天下、取義於明出地上、夫臨下之道、貴明而不貴察、譬之日月照遠而不照隱焉、故曰闢四門明四目達四聰、誠如是乎、譖愬不行、而无苛察之殘矣、管子曰、百步之外、聽而不聞、間之堵牆、窺而不見也、而名爲明君者、君善用其臣、臣善納其忠也、又曰、明主兼聽獨斷、多其門戶、羣臣之道、下得

明上賤得言貴。故姦人不敢欺

晉如摧如、獨行正也。裕无咎、未受命也。變正无應。故獨行正也。命官命也。未受命謂无位也。孟子曰我无官守我无言責也。則吾進退豈不綽綽然有餘裕哉。此意也

受茲介福、以中正也。

衆允之志、上行也。志謂欲變也。變則能得居下之上而行事也

鼫鼠貞厲、位不當也。本其位不當。故離遇變正不能安也

失得勿恤、往有慶也。慶因下坤。含變象繫于包柔意

維用伐邑、道未光也。下卦有坤。其道與純離異。故不能光也

明入地中明夷。君子以莅衆。用晦而明。日月入地。出則又明。故晦爲明之根。萬物負陰而抱陽。背臟而腹腑。平旦存夜氣。故君子之道。闇然而日章。是用晦而明之義也。程頤曰。君子莅衆。不極其明察而用晦。然後能容物和衆。衆親而安。是用晦乃所以爲明也。古之聖人設前旒屏樹者。不欲明之盡乎隱也

君子于行。義不食也。決行於義。不謀食也。六二之吉。順以則也。順以柔言。救傷之道。以健速爲得。則變乾馬壯。故曰則。南狩之志。乃大得也。不可疾貞。猶有待焉。故曰志也。入于左腹。獲心意也。獲猶射而中之也。意音臆。箕子之貞。明不可息也。貞。乃

下卦貞也。故曰箕子之貞。又曰明不可息也。明亦下卦離象。離外受傷。在中者不可滅息矣。唯二中正爲爾

初登于天照四國也後入于地失則也

譬如殷紂及唐明皇。初登帝位。有才名以照四國。後昏敗无度。遂至滅亡矣

風自火出家人君子以言有物而行有恒

火炎發風。自内而出。君子言行。出身加民。發邇見遠。故以愼言行爲言矣。物者事之則也。恒者。守之久也。言有物而不妄。行有恒而能終。則家道正。家道正而可以及天下矣

閑有家志未變也

初正而應四。然未用事。有欲正家之志。變則不正。故能守其初志。防其不正也。

六二之吉順以巽也

柔順而巽。與於五。是

非丈夫之宜也。而所以爲吉者。互坎變而爲兌。有飲食以奉五之象。乃婦女之道也。家人嗃嗃未失也婦子嘻嘻失家節也嗃嗃雖厲。未失家節矣。嘻嘻則至慢黷也。富家大吉順在位也雖富亦不陵上。巽順在陰位也。王假有家交相愛也孔穎達曰。六親和睦。威如之吉反身之謂也變坎反內。義與蹇象反身同也。上火下澤睽君子以同而異象所謂睽而同者也。見惡人以辟咎也變而應四。胡炳文曰。爻曰无咎。象曰辟咎。睽之時不得不辟也。遇主于巷未失道也遇巷不得已之事。二五正應。非有邪

也

見輿曳位不當也。无初有終遇剛也。遇剛。謂與上合也

交孚无咎志行也。變得初補。故志行也

厥宗噬膚往有慶也。慶。因下兌

遇雨之吉羣疑亡也。雨者陰陽之和。以譬羣疑解。上已疑。又疑二四。故曰羣疑

山上有水蹇君子以反身脩德。張清子曰。山上有水者。潤谷之泉。土石礙而止之。不能流行。其象爲蹇。孟子曰。行有不得者。皆反求諸己。此君子所以反身脩德也。孝戚謂反身。坎水反下象。脩德。艮山得潤象

往蹇來譽宜待也。在蹇之始。宜艮於微下。能養其德。以待時矣

王

臣蹇蹇終无咎也變井雖甃潵不能成功。然人无尤之者也往蹇來反內喜之也三能止則國人免乎難也往蹇來連當位實也當位謂三五。三主於艮五尊於上。四離柔虛。其所連合各當要路。守正剛實乃蹇可濟矣大蹇朋來以中節也中節謂君居制限。君居制限之不可踰。所以朋來奉護也往蹇來碩志在內也利見大人以從貴也內。謂下卦。志在內。與三應也。譬之遠人慕華風學禮文而未得行於其土。故曰志。然非接尊位之事。故曰在內。內。如內與于中國之內泛稱也。又剛爲貴從貴謂與三五接也。朝聘王公從其道以立制度於其國之事。漸上所謂其羽可用爲儀者也雷雨作解君子以赦過宥罪 張清子曰雷者天之威雨者天之澤威中有澤刑獄之有赦宥也有過者赦而不問有罪者宥而從輕此君子所以推廣天地生物之心也

剛柔之際義无咎也 習坎象曰剛柔際謂四五相比也此曰剛柔之際亦謂初二即歸妹象所謂相承者也初柔能承中道之二故雖无功然其義无咎也

九二貞吉得中道也 六三貞吝以過中也九二則得中道但有諂於五瀆於初三之嫌故變正而後其吉全矣中道謂中直即經得黃矢之義也曰道者會韻耳

負且乘亦可醜也自我致戎又誰咎也 寇小

則爲盜。大則爲戎

解而拇未當位也雖動而免於險。然未當尊位。不能大行

君子有解小人退也羣小信服。曰退亦韻

公用射隼以解悖也卦唯三上不應。故三言致寇。上言解悖。罪三也

山下有澤損君子以懲忿窒欲山下有澤。損澤崇山之象。王弼曰。可損之善。莫善忿欲也。允富國曰。忿屬陽。其發也。氣勢暴湧。如山之突兀。人皆知之。故懲之易。欲屬陰。其溺人也。如水之浸淫。泯无痕迹。使人不覺陷其中。而不能出。故窒之難。懲忿唯用心之剛者。即能制之。窒欲不唯用剛。非見理之精。未易察也

已事遄往尚合志也尚合志。謂庶幾不失應。變象失應而坎險。背於

益上之義。不能无咎矣

九二利貞中以爲志也 中於下者。重臣之居。故其志在居中。而不可以說事君。利在守變正。所謂社稷之臣者也

一人行三則疑也 疑心一生。何能致一哉。蓋兌巽之顛。故言疑矣。遯上兌初。亦有疑字

損其疾亦可喜也 損疾。不翅己有喜。初亦可喜而遄來助矣。喜因下兌

六五元吉自上祐也 自上祐。中孚所謂攣如者也

弗損益之大得志也 大字義與恒上同。損時反欲益。故曰志。蔡淵曰。損之爲義。損下益上。聖人不得已用之。故卦辭曰有孚。畫辭初曰酌損。二上皆曰弗損。四但損其疾而已。五則无損而大有益。唯三當可損之時耳。損兼言益。益不兼言損。意亦可見

風雷益。君子以見善則遷、有過則改。風以布化。雷以發氣。長養之益莫盛焉。遷善改過。君子之所以日新而益之大者也。風散滌心之象。雷發義氣之象。朱熹曰。遷善當如風之速。改過當如雷之猛。

元吉无咎、下不厚事也。卦本下坤。凡事宜重厚。初四相易。而下不坤厚其事。爲非常動。故不元則不啻不能吉。必不免咎矣

或益之自外來也。言永貞則不速之益。或自意外來也。外因外卦

益用凶事、固有之也。固有。義如无妄四

告公從、以益志也。益下之志

有孚惠心、勿問之矣。惠我德、大得志也。大。因剛

莫益之

偏辭也或擊之自外來也偏辭者，一偏之辭也。莊子曰：巧言偏辭。註：巧言過實，偏辭失當。是矣。此言莫益之者，言其一端耳。若究其弊而言之，則不啻莫益，下而已。爭奪交生，攻擊之者，或自意外來。孟子所謂不奪不饜者也。外因之卦。

澤上於天夬君子以施祿及下居德則忌澤氣蒸而上於天，則天剛氣決，決之爲雨露，以養萬物，施祿及下，普而无所私。當如雨露之降矣。居德，與漸象居賢德同義，而此无賢字者，主恩德也。忌，敬畏也。如康誥文王敬忌、左傳不忌於上。並有爭心之類，可見焉。言求有德而居之官，則下懷而敬畏之也。蓋施之厚也。有佚遊之慮，故申之以敬忌。下乾有敬畏象。說在需卦。

不勝而往咎也經曰往不勝計之失也象曰不勝而往无計也故甚之曰咎也有戎勿恤得中道也中於乾戰有備而不妄進之象君子夬夬終无咎也其始有凶故言終其行次且位不當也聞言不信聰不明也吳澂曰欬耳塞於內故不聽於聽中行无咎中未光也變柔雖中未光亦足以免矣无號之凶終不可長也不曾柔凶變剛亦何可長哉

天下有風姤后以施命誥四方風行地上觀先王以省方觀民設敎是大禹文命敷于四海以後之事故曰先王天下有風姤是風自天而下萬物始遇

三十八

于風之象。故爲后以施命誥四方。蓋衣裳之治。始於黃帝。成於堯舜。夏后受而敷之。天下始姤禮樂之化。此象義也。

繫于金柅。柔道牽也。牽。因乾輪巽繩。言柔道荏苒。引而將行。故繫而止之也。包有魚。義不及賓也。巽爲近利。故言義以明不及於賓之非也。其行次且。行未牽也。與初不比。故雖行而初未牽之。唯自次且耳。无魚之凶。遠民也。初爲民。民可近不可下。二以近得之。四以遠失之矣。九五含章。中正也。有隕自天。志不舍命也。中正而含文明。以俟天命。姤其角。上窮吝也。經曰无咎。而不釋咎。

懼以終始。其要无咎之道。可思以得之也

澤上於地萃。君子以除戎器。戒不虞。澤水聚矣。溢而上於地。聚之多也。又坤衆兌說。有安而忘戰之象。所以戒不虞也。張清子曰。水聚而不防則潰。衆聚而不防則亂。除者去舊取新之謂。戎器久則必弊。當簡治而除其弊壞也

乃亂乃萃。其志亂也。初不萃於五。而萃於四者。應亂其志也

引吉无咎。中未變也。雖剛柔相變。而居中。相引之心未變也

往无咎。上巽也。上巽。謂巽於上也。上為兌主。三在互巽。變亦互巽應上。故曰上巽

大吉无咎。位不當也。五之无咎。有位也。四則位不當而得聚。故不大

則不能无咎也

萃有位志未光也　雖剛光為四所掩而志未行

齎咨涕洟未安上也　獨立於上故不安也

地中生木升君子以順德積小以高大　張清子曰順德坤地象積小以高大巽木象郭雍曰萬物之升其象皆如地中生木自毫末至合抱人莫見其升之迹者以順積致之耳順則不逆於德積則為之有漸故能升而不已以極高大不然逆德暴行不升而困及之矣朱熹曰王肅本順作慎蓋順慎古字通用荀子順墨作慎墨胡炳文曰木之生也一日不長則枯德之進也一息不慎則退二說未知孰是依卦象順義似優

允升大吉上合志也變剛二三合志。孔穎達曰。上謂二三也九二之孚有喜也謙二所謂中心得者也。喜因互兌升虛邑无所疑也巽爲疑。其升之易。无所疑憚也王用亨于岐山順事也順坤象。以順爲事。謂承五。猶文王服事也貞吉升階大得志也大因變剛冥升在上消不富也消謂高小而不可見。譬如浮雲消于大虛也。不富。謂不之剛也

澤无水困君子以致命遂志孔穎達曰。水在澤下。則澤上枯槁萬物皆困。孝成謂。君子雖困。能致君命。如晉解揚之爲。又能遂己志矣。致命。兌口象。遂志。坎

水流遁象。所謂行險而不失其信。維心亨者也。

入于幽谷幽不明也王弼曰。入于不明。以自藏也。舉正谷下无幽

困于酒食中有慶也慶。變坤象據于蒺蔾乘剛也

入于其宮不見其妻不祥也死期將至。不祥甚矣來徐

徐志在下也雖不當位有與也志在下。謂待初之徐來也。非尊不當出令之位。雖然以應故初不得不來也

劓刖志未得也乃徐有說以中直也利用祭祀受福也志未得。故行威刑也。直。正也。曰直會韻

困于葛藟未當也動悔有悔吉

行也〔窮而未能變。是未嘗變通之義也。行謂變而通也〕

木上有水井君子以勞民勸相〔朱熹曰。草木之生。津潤皆上。木上有水之象。如菖蒲葉。每晨葉尾皆有水。如珠顆。雖藏之密室亦然。非露水也。是木上水以養枝葉。猶汲井給人也。勞民者。以君養民。勸相者。使民相養。皆取井養之義。胡炳文曰。澤无水爲困。命也。澤雖无水。而井則有水。性也。知困之義。則知安命。知井之義。則知盡性。孝成謂。上勞民。又使民勸相。井田丘兵之制。皆本於此〕

井泥不食下也舊井无禽時舍也〔爲時所舍置〕

井谷射鮒无與也〔上无應與。故射鮒耳。射鮒非其志也〕

井渫不食

行惻也求王明受福也行。謂德行也。言德行正潔而不見用。是可惻也。求王明受福。謂守正義而不之險也

井甃无咎脩井也自脩以共用也。丘富國曰。三渫內以致其潔。四甃外以禦其汚。蓋不渫則汚者不潔。不甃則潔者易汚。此君子內外交相養之道也

寒泉之食中正也

元吉在上大成也在上。元首象。凡言在上者皆大之。如履上在上大有慶。恒上在上大无功。可見。故此亦爲大成也

澤中有火革君子以治曆明時大陽火氣。入水土中。烝生品物。長養曰新。變革見矣。治曆明時而施政令。革之大者也。曆有成法。而曰治之者。天動物也。

日月星辰之行。有時而不齊。故不測驗以更正之。則時不明也。曆說別錄詳矣

鞏用黃牛。不可以有爲也。不可有爲。故麗乎二。以自鞏矣

巳日革之行。有嘉也。離見兌說。行有嘉會。如能厥玄黃。紹我周王之事。夫然後命可以革之矣

革言三就。又何之矣。變象震威。故不可之也

改命之吉。信志也。其道雖嗇。无徵則不信。革之旣濟。其徵著矣。故人信其革志在安世也

大人虎變。其文炳也。炳。如火曰之光明也

君子豹變。其文蔚也。小人革面。順以從君也。蔚者。文細而深密。貌順以從君。謂雖有不心服者。各從其君而不爲逆也。順柔象君。指五

木上有火鼎君子以正位凝命木上有火烹飪之象鼎者宗廟重器故取正位凝命之義也正位王弼曰明尊卑之序也得之凝如陰始凝之凝凝命謂華之政命未浹洽於民心新化之熟猶鼎之調和五味凝結而成食也離爲南面而聽故言正位巽爲命故言凝命項安世曰火氣至木上則爲華實象鼎氣之上烝猶井之木上有水亦通

鼎顛趾未悖也利出否以從貴也剛爲貴從貴謂應於四鼎而顛趾悖道也然出否必顛之初之從貴有正應之道是以其道顛之故爲利而未悖也

鼎有實愼所之也我仇有疾終无尤也曰之

曰終。皆言乎變也。程頤曰。鼎之有實。乃人之有才也。不愼所之。則亦陷於非義。自守以正。則仇不能卽我矣。程說暗得變意焉

鼎耳革失其義也

鼎用在養。鼎耳革。不可舉移。失鼎養之義也。以譬雖剛賢。而无益於人。才非其才。故聖教以仁爲本

覆公餗信如何也

四爲納言。以信爲要。初四之應皆不正矣。變象盤敗何以能保其信乎

鼎黄耳中以爲實也

離中虛變爲乾中實

玉鉉在上剛柔節也

剛上柔五。玉鉉雖美。剛鉉柔耳。相接有節。而鼎用行。若不中節。則雖和羹既成。然鼎不可舉以用焉。故曰知和而和。不以禮節之。亦不可行也

洊雷震君子以恐懼脩省

丘富國曰。雷天威也。方其仍洊而至聞之

耆莫不恐懼而君子於恐懼之後必以脩省斷之者所以盡畏天之實也

震來虩虩恐致福也笑言啞啞後有則也

震來厲乘剛也　胡炳文曰屯二豫五噬嗑二困三震二皆言乘剛也困三乘坎之中剛其餘皆乘震之初也皆不以吉稱

震蘇蘇位不當也　宜不變動以待生氣復也

震遂泥未光也　剛本光之物陰位而陷於重柔故未能光但變坤順不至凶咎耳

震往來厲危行也其事在中大无喪也　危行如危行言孫之危行中謂君位在君位非輕事也變而剛大則无喪

震索索中未得也雖凶无咎畏鄰戒也　中未

得。言去四雖遠，卦窮无輔，中心未得安也。變象離明，知其懼於未及身。震威離甲，能備鄰戒，則雖凶无咎也。鄰，五也。

兼山艮，君子以思不出其位。兩山竝立而不相交，乃止之象。位如孔張失位，立于客閒之位。所立之列位也。思不出其位，謂立于廟堂行禮之時，雖有所思，不言位外之事。孟子曰：朝廷不歷位相與言，是矣。不出戶庭，不出門庭，皆謂不出言。以爲不出思於位外者，誤。孔子曰：爲東周。是其所以夢寐也。

艮其趾，未失正也。言守變正，以釋經永貞也。

不拯其隨，未退聽也。朱熹曰：三止乎上，亦不肯退而聽乎二也。

艮其限，危薰心。

也　艮其身止諸躬也　郭雍曰。止諸躬者。謂成己而已。未能成物也。楊文煥曰。身者伸也。躬者屈也。屈伸在我而不在物。以柔居陰。屈而不伸。止而不行。此出處之大義也。

艮其輔以中正也　朱熹曰。正字羨文。叶韻可見。

敦艮之吉以厚終也　厚變坤象

山上有木漸君子以居賢德善俗　孔穎達曰。木生山上。因山而高。非是從下忽高。漸義也。君子求賢德使居位。化風俗使清善。漸以進之矣。一說。讀居如居敬之居。語意不穩。宜讀如居方之居。舉正曰。善風俗。今脫風字。

小子之厲義无咎也　以門地進者。非求而得之。故義无咎也

飲

食衎衎不素飽也朱熹曰。素飽如詩言素飡。得之以道。則不爲徒飽而處之安矣。楊萬里曰。鴻自干而至磐石之上。則安而高矣。此二漸進。而居大臣之位也。食君之祿。又豈素食云乎。亦欲置國家於磐石之安。納人民於和衎之樂而已夫征不復離羣醜也婦孕不育失其道也利用禦寇順相保也離羣醜。謂棄家累。因初二在艮門內。而三不顧之也。失其道。謂三之合四非禮也。順相保。謂變坤安於下觀象所謂未失道者也。禦寇與蒙上同。故象皆言順也或得其桷順以巽也柔小之進。順巽可以免矣終莫之勝吉得所願也　其羽可用爲儀吉不可

亂也如延陵季子使於列國之事。亦有此意矣

澤上有雷歸妹君子以永終知敝雷澤相交。雷動爲男。澤養爲女。而少從長。歸妹之象。歸妹女之終也。但以說從人。有失身敗德。不能永終之敝。凡事於說動之時。能知其敝。而可以永其終矣

歸妹以娣以恒也跛能履吉相承也以恒。謂无僭嫡之心。恒久其德也。相承。謂奉女君也。經言利征吉。而象單言吉者。明其吉不特征伐也。

幽人之貞未變常也二雖不得位。未變事五之常也

歸妹以須未當也過中不正。而又无應。且柔乘剛賤陵貴。是德位與時皆未當也

歸妹愆

期之志有待而行也　帝乙歸妹不如其娣之袂良也其位在中以貴行也

諸侯以下皆各有偶唯帝女降嫁故以五行二取譬焉

上六无實承虛筐也

變象亦无血省文特言无實耳

雷電皆至豐君子以折獄致刑

震春離夏雷電皆至萬物茂盛

豐之象豐多故矣折獄致刑所以治豐也蔡淵曰折獄離明象致刑震懼象程頤曰噬嗑言先王制法豐言君子折獄以明在上而麗於威震王者之事故爲制刑立法以明在下而麗於威震君子之事故爲折獄致刑

雖旬无咎過旬災也過旬。釋經往字。變象小過如鳥之飛。不翅應四。過至五上。亦不可如何。故爲過旬則災。觀乎災字。則經尚字誤必矣有孚發若信以發志也信以發志。與大有之五同。但彼發臣志。此則發君志豐其沛不可大事也折其右肱終不可用也時雖暗矣。小事可爲也。變柔不可用。反得无咎也豐其蔀位不當也日中見斗幽不明也遇其夷主吉行也幽。互兌象。豐蔀見斗。四之所爲。故不釋於二。而釋於四也。行。謂權臣志行也。君有暴虐。則下比於權臣。以得免矣。擧正曰。志行今本脫志字六五之吉有慶也其吉在變。故曰六五

之吉。慶亦變兌象

豐其屋天際翔也闚其戶闃其无人自藏也

豐屋蔀家隱翳之深自絕於人比居天上。倪身神仙。故曰天際翔。乃上六虛動。變爲離鳥之象。自藏。謂在其側者。自藏其才。不敢盡力。所以闃也

山上有火旅君子以明愼用刑而不留獄

火之焚山。遂草而行。以爲旅象。丘富國曰。山者火之所旅。久則延燒。獄者囚徒之所旅。留則淹滯。明象火之燭物。愼象山之靜重。

旅瑣瑣志窮災也

安進志窮。而自取災。張清子曰。瑣兮尾兮。流離之子。初六有焉

得童僕貞終无尤也

終謂變也

旅焚其次亦

以傷矣以旅與下其義喪也亦承本卦。傷因變互坎也。變柔與初二羣。故曰與下。與下則艮主剛正之義喪。取汙辱必矣。蓋貴賤有等威。旅則等威難立。唯義以守貴賤。義喪之所以喪僕貞也。

旅于處未得位也得其資斧心未快也未得位。因剛居陰位。以明處于旅而不能復歸于故國也。

終以譽命上逮也逮。及也。上及。言聲譽上聞。而受天休命也。

以旅在上其義焚也喪牛于易終莫之聞也旅而過高。有敗亡義。因離火言焚。變雖與三應。而以寡親。莫聞知過失矣。莫聞因離聽爲震鳴。義與噬嗑上聰不明同。

隨風巽君子以申命行事隨風。隨時之風也。風隨時而至。重巽之象申令行事。亦各以時而不一。如月令所載是矣

進退志疑也利武人之貞志治也擬巽象。巽柔不果之志。疑令之初。變正乾剛果斷。其志轉在治國。所以利武貞也。履三亦稱武人。過中剛說。故象曰志剛危之也。巽初不及而順。故曰志治。勉之也

紛若之吉得中也以得中。故雖紛若亦不流。所以吉也

頻巽之吝志窮也巽躁過陽。爲四所乘。故其志窮也

田獲三品有功也

九五之吉位正中也位。謂尊位。尊中正雖吉。然不變則不得其輔。人君不貴自用。而貴任賢。故

稱九五。以明成功在變也。巽在牀下。上窮也。喪其資斧。正乎凶也。正乎凶。釋貞凶也。言失其威權。而執正則凶也

麗澤兌。君子以朋友講習。孔穎達曰。麗猶連也。兩澤相連。潤說之盛。故曰麗澤兌也。同門曰朋。同志曰友。朋友聚居。講習道義。相說之盛。莫過於此也

和兌之吉。行未疑也。二四比三。而五比上。皆疑於惑溺也。獨初與柔无係。故其行未疑也。疑字義見損三象

孚兌之吉。信志也。志謂在中。而未行乎外者也。二五皆剛。外不相應。而中相說。故爲信其志也

來兌之凶。位不當也

九四之喜。有慶也。變象安節而亨。故不特有

私喜。乃福慶及物孚于剝位正當也義如履五上六引兌未光也變剛必光。但引兌无有爲之才。故未光也

風行水上渙先王以享于帝立廟風行水上。无所底止。神道之化。无遠弗屆。皆渙散之象也。享于帝。謂祠古帝於明堂。立廟謂祭祖考

初六之吉順也順。謂變象與四說順也渙奔其机得願也未能濟渙。唯得私願渙其躬志在外也因應上爲有施惠於外之志。與變巽志窮相反渙其羣元吉光大也四變巽小。而能承五。故曰光大。象所謂上同者也。程頤曰元吉光大。不在五而在四者。二爻之義通言也。於四言其

施用於五。言其成功。君臣之分也。王居无咎。正位也。非王居而渙之。有如陳氏施於齊之慮。故特之爲王居則无咎者。正位也。渙其血遠害也。遠。釋經之逖字。害。謂下坎。丘富國曰。三處險內。而應在外。應外則爲有所攀援而出險。上處險外。而應在內。應內則爲有所係累而不能去。

澤上有水節。君子以制數度。議德行。澤之容水。過則盈溢。節限之象。文物器用。貴賤多寡。各制數度。使不相踰者。禮之節也。人之德行雖美乎。非臨大節而不可奪者。不可以託大事矣。則是當議之大者也。如漢武之於霍光。昭烈之於孔明。由此其選也。如吳起與田文論功。文曰。主少國疑。大臣未附。百姓不信。方是時屬之於子乎。屬之於我乎。起默然良久。曰屬之子矣。亦皆善議自知德行在節者也。制與作不同。无而造之謂之作。有而裁之謂之制。作者王者之事。制者通于上下。故此以君子言之也

不出戶庭。知通塞也。坎水爲通。下塞爲澤。知通塞者。不出言於塞也。

不出門庭。凶。失時極也。當可爲時。表準爲極。中於臣位。而不出言。是失其時極也。

不節之嗟。又誰咎也。此非釋經文无咎。猶解三經曰咎。而象曰又誰咎也。言險本在外。能愼其節。則无咎矣。不節之嗟。无所歸咎也。朱熹曰。又誰咎也凡有三。而其義則有兩樣。如不節之嗟與解之自我致寇。則謂咎皆由己。不可咎諸人。如同人又誰咎。則謂人誰有咎之者矣。以此見古人立言。有用字雖同而其義不同

安節之亨、承上道也。上謂五。言承君上者。宜由此道也。甘節之吉、居位中也。言中而不言正者。主變象也。苦節貞凶、其道窮也。節窮則凶。

澤上有風、中孚。君子以議獄緩死。楊萬里曰。風无形而震川澤。鼓幽潛。誠无象而動天地。感人物。此澤上有風。所以爲中孚也。徐幾曰。中孚全體似離。互體有震艮。而又兌以議之。巽以緩之。聖人即象垂教。其忠厚惻怛之意。見于謹刑如此。文王唯于噬嗑取象。孔子即噬嗑賁豐旅中孚五卦。以盡其義。

初九、虞吉、志未變也。不欲之坎險也。其子和之、中心顛也二五中實。相對而孚或鼓或罷位不當也馬匹亡絕類上也變象與五同類。絕類於上。謂不變也。程朱以與初應爲類。失類字義有孚攣如位正當也說在履卦翰音登于天何可長也巽窮爲躁。故戒聲譽之不可以長也

山上有雷小過君子以行過乎恭喪過乎哀用過乎儉山上有雷。其聲過而遠矣。恭哀儉宜遠過乎人焉。程朱以爲三者可以小過。而不可甚過。其失猶泥小畜之名。以文德爲小德。雜卦曰。小過過也。小字豈可拘乎。孔子曰。禮與其奢也。寧儉。喪與其易也。寧戚。此象之意也。項安世曰。曰行曰喪曰用。皆見于

動。以象震也。曰恭曰哀曰儉。皆當止之節。以象艮也

飛鳥以凶。不可如何也。飛鳥之迅。不可以止也。

不及其君。臣不可過也。家事主恩。或有過矣。人臣主義。官守有分。不可過踰也

從或戕之。凶如何也。宜求救之方也

弗過遇之。位不當也。往厲必戒。終不可長也。位不當。象所謂失位而不中者也。終不可長。言變象雖得正位。而不可久居。以釋勿用永貞也

密雲不雨。已上也。彖過兩剛而至五。已過上也。舉正上作止。韻不叶

弗遇過之。已亢也。亢。甚於已上

水在火上既濟君子以思患而豫防之孔穎達曰水在火上炊爨之象飲食以之而成故爲既濟既濟之道初吉終亂故君子思其後患而豫防之蔡淵曰思患坎難象豫防離明象項安世曰人之用莫大於火而火常生患善濟火者莫如水思火之爲患而儲水以防使水常在火上其力足以勝之則其患亡矣亦通

曳其輪義无咎也雖无成功義无咎也七日得以中道也中道與純離之二同會韻三年克之憊也師老財匱終日戒有所疑也疑因變互弱與疑患之將至也東鄰殺牛不如西鄰之時也實受其福吉大來也五之變與明夷往來夷五

爲夷主。二爲所夷。故爲箕子之明夷。是二不得時也。既濟初吉終亂。故二有得時而興之象。而五反衰也。吉大來。謂二變剛來。爲互兌萬物皆說也。孔穎達曰。非惟當身。福流後世也。

濡其首厲。何可久也。

丘富國曰。內三畫離明也。初言无咎。二言中道。三雖憊克之。此既濟之事也。外三畫坎險也。四則有所疑。五則嘆不如西鄰。而上又有何可久之訓。則既濟爲未濟矣

火在水上。未濟。君子以愼辨物居方。

火在水上。不成烹飪。未濟之象。辨物。周禮所謂辨山林川澤丘陵墳衍原隰之名物者是矣。居方。書序所謂方設居方者是矣。愼辨物生。居之於方。使民各安其業。所以成未濟也。王制曰。凡居民財。必

因天地寒煖燥溼廣谷大川異制，民生其間者異俗。修其教不易其俗，中國夷蠻戎狄五方之民，言語不通，嗜欲不同，達其志通其欲，此其義也。上火下水辯物象，離南坎北居方象。或曰，方者業也，業之術也，辯別動植，各立之官，定其業術，左傳所謂物有其官，官修其方者是也。亦通

濡其尾，亦不知極也。亦者，承既濟之上也。極，則也，人之所以表準也。欲濟於不可爲之時，妄動而說，是不知時極，其事雖善亦吝矣。**九二貞吉，中以行正也。**變柔爲正。然韻不叶。竊疑正直之誤。直變坤象。**未濟征凶，位不當也。貞吉悔亡，志行也。**志行以變正言。**君子**

之光其暉吉也日光爲暉。日之天象飲酒濡首亦不知節也亦字同。初飲酒可爲。乃至濡首不知節。初曰不知極。上曰不知節。易三百八十四爻莫非示極於人亦莫非示節於人之意見矣所以終篇也歟

周易新疏卷六

衣川友直
河田希傑　同校

周易新疏卷七

因幡　河田孝成　著

上繫辭

繫辭本謂繫辭於卦下則今經文。而此通論其義例。因以名篇。亦分爲上下。蓋彖象孔子所傳。其餘則門人載諸簡冊焉耳。此篇及文言。往往稱子曰者。爲是故也

天尊地卑乾坤定矣卑高以陳貴賤位矣動靜有常剛柔斷矣方以類聚物以羣分吉凶生矣在天成象在地成形變化見矣此明易與天地準之義。以發篇

疏。言天尊地卑，而易卦乾坤尊卑定矣。物有卑高，六位有貴賤矣。陽動陰靜，有常之度。剛動柔靜矣。方土之民，各以類聚；動植之物，生於其間，亦各以羣分矣。惡互有，爻之吉凶生矣。在天在地，所在之異，或成象，或成形。運行不息，生生日新，卦畫變化見矣。夫定者不可移，位者不可踰，斷者不可亂。卦德之所以方知也。而吉凶生焉。變化見焉。此二者以人用卦畫而言。人之所用，唯其所欲。故曰生曰見。生者不可測，見者不可執。所謂不可爲典要者也。尊卑言對貴賤言，序卑高言形。方物，猶辨物。居方之方。物或以方爲業術。亦通。按樂記以是論禮樂。蓋古時論說之言。亦猶文言首章耳。

是故剛柔相摩，八卦相盪。

此言畫卦爻感以發上文意也。剛柔相摩，謂初四、二五、三上相應，乘承相求。八卦相盪，謂內外兩象相動搖也。摩與六中孚靡字同意鼓之以雷霆潤之以風雨日月運行一寒一暑此言易卦具有造化運行之狀以終與天地準之意焉六子中不言艮兌者活動象微也故唯言震巽坎離象以示其大凡耳風散雨潤不言散者省其文也寒暑隨日運言月字乾道成男坤道成女此下言易之爲教也乾剛坤柔者王化之本故曰乾道坤道乾道成男坤道成女教男女各正性命人道由以生焉猶雷霆風雨日月寒暑之長養萬物也乾知大始坤作成物大始道之原也因剛象言大爲也物者事之則也乾以易知坤以簡能申上文之義易主質教故上下繫皆以易簡始終之矣言乾健无所難而知大始坤順不自始而能作成物如樂記所謂大樂必易

大禮必簡。語不事繁文也。如曰知王道易易。曰不出家而成教於國。皆是意也。易則易知、簡則易從。易知則有親、易從則有功。有親則可久、有功則可大。可久則賢人之德、可大則賢人之業。此泛言君子法易爲政也。言教令易直則事明白。而下易知。簡省則事不煩。而下易從。易知則上下能相親。易從則衆敏成功。有親則不倦。故可久。有功則廣及。故可大。久於後德之化也。大於令業之脩也。易簡而天下之理得矣、天下之理得而成位乎其中矣。凡曰天下者皆以人事言。以天下之理爲天地之理者誤。理得者條理得其宜也。聖人大寶曰位。其中謂天下理得之內。此極言易簡以至成

王業矣。所謂易簡之善配至德者也。暗贊文王

右第一章

聖人設卦觀象繫辭焉而明吉凶。剛柔相推而生變化。此承上章成位。以聖人發端。言文周繫辭義也。設。陳列也。設卦。謂陳列六十四卦也。既陳列卦。而觀其象。以繫之辭。明其吉凶。又兼含對卦序卦之義。使人背凶向吉。是乃易之所以興於周也。剛柔相推。猶云寒暑相推。謂畫之往來也。生。如前章註所謂生生之謂易者也。人之行狀。效卦畫變化。能剛能柔。則隨時宜而順應。天祐之吉可得以保矣。是故吉凶者失得之象也。悔吝者憂虞之象也。變化者

進退之象也剛柔者晝夜之象也憂懼爲悔虞樂爲吝吝自
吉而趨凶悔自凶而向吉變化者剛柔相易之
名退爲變進爲化剛柔者陰陽之形也不言陰
陽而言晝夜者示明闇之義蓋卦畫中自有失
得憂虞進退晝夜之象乃繫吉凶悔吝之辭立
變化剛柔之目以明之矣舊說或云漸變頓化
或云進變退化然漸頓非進退之義進變退化
亦有所不通蓋變者去舊也化者生新也故退
爲變進爲化變剛變盈游魂爲變之類皆退去
之象也化生化育下觀而化之類皆進生之象
也如宅曰動則變變則化亦以去舊染爲變以
生新俗爲化仙佛之書曰僊化羽化皆謂得道
往生也唯孟子有比化者無使土親膚之文化
死字誤耳曰願比死
者一洒者可相證矣六爻之動三極之道也爻者

畫辭名也。六畫各有辭，故曰六爻。其辭效天下之動，故曰動。諸說以爻爲畫名，然卦畫一類，爻則與象象並稱，故曰因而重之，爻在其中，非畫名也必矣。此言聖人作易，將以順性命之理，以立三才之道。三才之道，變動无窮，常言不足以盡焉，唯六爻假託物象以發其情狀，而示之極。故能備三極之道也。徂徠曰：極者，聖人立是以爲人之所準據者也。得之，如設官分職，以爲民極之屬，皆同義。夫人能用極，則物得其所，事得其宜。唯其極之難得，逆天拂人，勿論其爲不善。雖爲善者，苟恃其正，不稱時宜，而固執之，速蓄害者，皆不得其極也。人之取災，豈天地生物之心乎？聖人繼天立極，使人背凶而向吉。是故聖人之教，莫非示人極者。詩書禮樂，皆其物也。然詩書有不盡之意，禮樂有不行之時，且一王制，一代之極，故三極之道，唯易言之矣。是故

君子所居而安者易之序也所樂而玩者爻之辭也

易之序。六位貴賤之次序也。六位有次序。而貴賤不相踰。君子之所以居而安也。而其辭潛見惕躍飛亢之類。隨所值之分。而示是之極。亦可以樂而玩矣。一本序作象非是

故君子居則觀其象而玩其辭動則觀其變而玩其占是以自天祐之吉无不利

間居則學辭。遇事則用占。然不觀象則辭不可以玩。不觀變則占不可以玩。而四者皆明吉凶消長之幾。使人戒愼乎所不睹。恐懼乎所不聞。以保天祐吉利之事已。故曰。懼以終始。其要无咎。此之謂易之道也

右第二章

彖者言乎象者也爻者言乎變者也卦辭謂之彖畫辭謂之爻彖由本卦之象立言爻由變所之立言吉凶者言乎其失得也悔吝者言乎其小疵也无咎者善補過也其其象變。善字上无言乎字省是故列貴賤者存乎位齊小大者存乎卦辯吉凶者存乎辭憂悔吝者存乎介震无咎者存乎悔位卦承上文爻象而言之六位初雖微下然其位陽非人臣象故爲民民非君之私有乃天民也二中於下而陰爲純臣居三雖下亦陽非純臣象在下之上者之逼位故多言諸侯四則近臣雖在上反輕於二又爲強臣逼君五尊上位外是列貴賤之大概也。卦有可小事。有可大事。卦之於事。猶人各量其力而任事。事之小大齊也。介、如介如石之介。吉凶分介也。荀子曰。善在身。必以介然自好。亦同意。言貞固不誘於外也。介明則无悔吝之憂矣。震、奮動也。悔則奮發補過之心。故无咎也。悔吝无咎。亦皆辭而別言之者。小疵易忽。補過多吝。凡天下之事。敗於忽與吝。故戒以存乎介。存乎悔。是謂貞悔之教。別錄論之詳矣。是故

卦有小大。辭有險易。辭也者。各指其所之。之謂變而之他卦。卦畫情僞態度種種。唯變所之。而繫之辭。以示其險易。而使人知處之之方也。彖言乎象。但卦德方而无變化。至其生變化。以爲民用。則六爻之動備焉。如乾元亨利貞。直言卦象。以示大典。潛見飛亢。則皆以虛辭行之。虛者其用廣。故凡論辭者。多主爻辭。爲其用廣故也。不言

位有貴賤者。因篇首貴賤位文而略焉。變吉凶爲險易者包悔吝无咎也

右第三章

易與天地準故能彌綸天地之道此統首章所論大意而言。以起下文制作之事。彌猶偏也。綸纏裹也。言天地之道雖无窮。唯易能苞括。而莫有所遺也

仰以觀於天文俯以察於地理是故知幽明之故此言知制作之原也。天雖高矣明可以觀焉。地則幽遠不可以觀。故曰察。幽謂遠於君。明謂顯於朝。舜典曰。黜陟幽明。史記作黜陟遠近是矣。易彌綸天地之道。故學者必仰俯以徵諸天地。觀於天文。則七曜列宿。相爲經緯。衆星守度以共北辰。運旋不息。時行化布。可以知立百

官設儀象文明施德。使民瞻仰之所由。是知明之故也。所謂知大始者也。察於地理則南北高卑。形勢有條。動植異種。人生其間。有遲速強弱之性。飲食衣服器械之不同。亦皆有不可強之者焉。可以知分華夷定州服。隨水土風氣以脩其教。使民樂其業之所因。是知幽之故也。所謂作成物者也。按莊周曰。爲不善乎顯明之中者。人得而誅之。爲不善乎幽闇之中者。鬼得而誅之。樂記曰。明則有禮樂。幽則有鬼神。皆戒間居爲不善之言。幽如幽人幽谷之幽。其意謂幽居雖人所不見。然神罰則不可免也。又北方爲幽。幽州幽都北面求諸幽之類。對南方爲明。遠於日月之義耳。漢史進拔幽隱。公孫弘自海濱登。幽字義最著矣。後世冥府之說興。而人或謬解幽字。甚至如徂徠之說。以幽明之故爲鬼神與人之禮。失之遠矣。夫宗廟之禮。所以奉神明也。

聖人以神道設教。百爾典刑。行諸宗廟。以顯示衆。豈幽闇之事哉。文王在上。於昭于天。豈幽闇之義哉

原始反終。故知死生之說。精氣爲物。游魂爲變。是故知鬼神之情狀。此亦仰觀俯察中之事。聖人設教。神道爲深。故特發祭禮之意矣。天地之道。終則又始。是乃易道。原生之始。自天反終於始。則知死之歸天。孔子曰。未知生。焉知死。知死知生。則知死。知死而後事死之禮可知。是知死生之說也。徂徠曰。事死如事生。語其心。而禮則殊。祭雖妻拜之。以其歸諸天也。得之精氣爲物。謂魂魄精靈之氣。聚若有物。子產所謂魂魄精爽至於神明之類是矣。游魂爲變。謂浮游之魂。或爲變異。子產所謂魂魄馮依於人。以爲淫厲之類是矣。人曰鬼。天曰神。鄭玄曰。鬼者精魂所歸。神者引物而出。是

也。故孔子曰合鬼與神敎之至也。語合天人而一其本也。蓋天地之間莫往不靈。如犬羊之畏虎狼。雀伏於鸇。雞鳴應時。非敎使之然也。唯人靈於萬物。其知亦遠矣。故精氣爲物。游魂爲變者。不待聖敎而能言之。求諸易道往來感應之義。則死者既往者也。往者无跡。寂其无爲。雖精氣游魂之或存乎。泯焉將亡。豈有營爲之心哉。生者悽愴之心。愛惡之情。迎而感之。斯有應焉。應以爲物。應以爲變。或正或邪。愈感愈應。焉物依人。皆生者之所致耳。聖人因制之極。明命鬼神。立宗祧。別親疏。使天下之人齊明盛服。以承祭祀。敬而遠之。莫有瀆焉。夫人敬則神和。游魂不爲厲。能降百福。感應之妙。譬諸鳳鳥至河出圖。夫然後萬民以服鬼神之德。於斯爲盛。雖然視而弗見。聽而弗聞。故曰神之來思。不可度思。唯精氣游魂爲物爲變。可以知其情狀。乃可以

所以无體也

右第四章

一陰一陽之謂道繼之者善也成之者性也陰陽往來。變而通之。以盡利者。天之道也。繼天道弘其利者。善行也。各隨分成其身者。人之性也。性有差等。成亦不同。故言之以起下文仁知之異矣。蓋萬物莫不受陰陽之氣以長焉。唯人萬物之靈。其德可以通乎神明。然逸居无教。靈德亡矣。逆乎陰陽。而戾乎神明。人之取禍。職此之由。聖人有憂。作易以示陰陽變化之道。使人得天祐吉利。後世聖人皆繼之以立極。而此單曰善者。易廣矣。雖衆人一善行。亦可繼以成也。

仁者見之謂之仁知者

見之謂之知百姓日用而不知故君子之道鮮
矣
天地生物之情。唯易盡之。仁者見之以爲仁
吉凶倚伏之幾。唯易盡之。知者見之以爲知
此上等之性。得君子之道者也。中下不學
則由之而不知。猶人莫不飲食。鮮能知味
顯諸
仁藏諸用鼓萬物而不與聖人同憂盛德大業
至矣哉
此承上文仁知日用而言。文王以易立
教。以爲下文首引也。文王而前。易道隱
于典禮而行。文王遇於沈酗亂敗之世。悲卿上
師師非度。小民相爲敵讐。將淪喪。設卦繫辭焉。
以明吉凶存亡之幾。易教乃興。是謂顯之於仁
也。藏如器以藏禮之藏。用。謂百姓日用。藏諸用
莊周所謂寓諸庸意。譬如衣裳之治。取諸乾坤。
民唯見其文煥乎。習矣而不察焉。至於凡百日

用厚生。書契曆數軍旅之事。婚姻嘉會喪祭之制。亦皆自易出。而百姓日用而不知。是藏諸用之義也。鼓萬物。謂繫辭焉以斷其吉凶。鼓舞天下之動也。聖人憂世。易則无心。行乎顯藏德業至矣

富有之謂大業廣大悉備**日新之謂盛德**變化无窮**生生之謂易**剛柔相推。生生不息。所以富有日新也。富有日新。倒論上文。生生字應一陰一陽。以明易書名義。下文及卦義矣

成象之謂乾效法之謂坤效。倣也。舊本作爻。見字書。法象莫大乎天地。乾坤倣而成之。餘卦皆乾坤交錯耳。自章首至此。贊易畢矣。下文言人奉易以終繼善之義

極數知來之謂占知來者逆。唯能原始以知終。故推極其過揲之數。可以逆知將來也

通變之謂事通其變。使民不

倦聖人事業也。雖衆庶日用之事。亦不逃其變。則不能成其務矣。陰陽不測之謂神。不測。猶生物不測之不測。言筮而所值陰陽老少之生不測。是蓍德之所以圓神也

右第五章

夫易廣矣大矣。以言乎遠則不禦。以言乎邇則靜而正。以言乎天地之間則備矣。遠謂高遠。邇謂卑雜。不禦。无所窮止也。靜而正。不煩而當也。夫乾其靜也專。其動也直。是以大生焉。夫坤其靜也翕。其動也闢。是以廣生焉。直。如直方之直。坤之德也。闢。如闢戶之闢。乾之德也。蓋乾專坤翕。本卦之象。而至其感動

則乾變見坤德。坤變見乾德。猶天氣降而地氣升。故能生百爾道義也。

廣大配天地。變通配四時。變通即動陰陽之義配日月。易簡之善配至德。陰陽之義易簡之善。即乾坤之所生也。至德。謂聖德之至者。禮樂其物也。大樂必易。大禮必簡。是乾坤易簡之善所以配至德也

右第六章首章贊卦畫綱領。二章論繫辭之義。以示學之方。三章明象爻之義與辭之凡例。四章言制作之原。五章則及衆人之用。以至陰陽不測而盡矣。此章以下更泛論卦辭廣大。故改端曰夫易。又曰夫乾夫坤。以立易之本也

子曰。易其至矣乎。夫易聖人所以崇德而廣業

也此承上章配至德引孔子成語以明聖人德業自易出也崇德謂爲人仰望知崇禮卑崇效天卑法地此通下文記者釋孔子之語也崇德於天下者以其知高而无所蔽如天也廣業於天下者以其禮卑而衆能履如地也周文之民讓路而歸者四十餘國齊桓一矜而叛者九國故高以卑爲基夫專稱聖人之德必以知爲言如聰明睿知可見故曰聖知之華也知仁之實也而所以能廣其業之道莫大乎禮故以知禮論其德業是篇中第一義也故終篇所論說其要歸乎知禮矣天地設位而易行乎其中矣成性存存道義之門天地設位猶中庸曰天地位焉謂天尊地卑之道曰乾坤而明於世也成性謂各正其性命也存存如莊周所謂楚之存不足以存存之

存存。謂存其位保其存也。道者所由適於治之道也。而禮其物也義者道之分也聖人之道千差萬別皆有其義。此變禮而言道義者。禮也者一王之制。一代之人所奉行也而易道變通。有執一而賊道者也。言伏羲畫卦啓聖教之原。與天地並行使人成其性存其存矣而百爾道義。皆自此出也。朱熹曰。成性本性之性也。存存。謂存又存不已之意也。性理家言非古也。且易以天祐吉利立教。仁之術也。故以成其德性。不喪其福履爲解似穩。東涯曰孟子所謂存心養性意。然不曰存存成性。而曰成性存存。則非存心養性之義也

右第七章

聖人有以見天下之賾而擬諸其形容象其物

宜。是故謂之象。此亦承上章。而言聖人所以廣業。而下文擬議變化以下。明君子道義自易出意也。賾。雜亂也。又訓幽深。天下之事雜亂幽深。其情難明。如不我以其後也悔。猶是可。至失於微而害於顯。則有不可悔矣。聖人憂之。擬賾之形容。象其教事所宜。以立之則。使人不過其幾。若乾之六龍。坤之牝馬。屯之建侯。蒙之養正。是矣。餘可類推焉。聖人有以見天下之動。而觀其會通。以行其典禮。繫辭焉以斷其吉凶。是故謂之爻。會如嘉會之會。凡人事相會而成卦畫六位。亦雜居。其中有感。皆會通象。禮。卽上章所謂禮卑者。而此言典禮者。變通之道。不拘儀禮。故特稱典禮。夫六畫陰陽分位。迭用柔剛。相雜成文。有正有不正。有中有不中。比應乘承變動无窮。天下之動可效。且夫安富尊榮、人之所欲。熙熙競進。爭奪諂瀆之所由生也。聖人有見乎易。觀其會通。因以制典禮。列貴賤分等位。而使不相混。以卑退謙讓爲本。以得中爲極。使俯就企及。以保天祐吉利。又繫辭焉以斷其吉凶。而鼓舞其行。故曰鼓天下之動者存乎辭。蓋典禮立。而後其動可以鼓舞矣。故先言典禮。

言天下之至賾而不可惡也。言天下之至動而不可亂也。

此言辭之能盡言。以起下文也。

鳴鶴。白茅。亢龍。言賾也。豚魚。翰音。棟之橈隆。潛龍。見龍。可謂至賾矣。號咷。勞謙。戶庭。負乘。言動也。于野。于門。伏戎。乘墉。苦節。甘節。利西南。解拇。射隼。可謂至動矣。然皆卦象有條理。不可惡焉。不可亂焉。惡。猶厭也。

擬之而後言。議之而後動。擬議以成

其變化此言道義自易出也。易辭所包含廣矣。擬議以成變化、則道義生於其中。而无窮。此下文七爻、孔子所釋、皆玩辭於象、以成變化者。引以示例

鳴鶴在陰其子和之我有好爵吾與爾靡之子曰君子居其室出其言善則千里之外應之況其邇者乎居其室出其言不善則千里之外違之況其邇者乎言出乎身加乎民行發乎邇見乎遠言行君子之樞機樞機之發榮辱之主也言行君子之所以動天地也可不愼乎釋中孚之益。內兌口而外巽風。室言被及千里

之外。兌爲震。亦遭風。風足行之邇。風見之遠。又益。否之交。有動天地之象。同人先號咷而後笑子曰君子之道或出或處或默或語二人同心其利斷金同心之言其臭如蘭釋同人之離。本卦二五相應。變失其應。變有兌口。本卦无兌。故言出處語默。同人主二。五不取君象。二五相應。兩明相見。皆二人同心象。乾金中斷爲離。故曰斷金。互巽爲木。爲臭。故曰其臭如蘭。或亦巽象。初六藉用白茅无咎子曰苟錯諸地而可矣藉之用茅何咎之有慎之至也夫茅之爲物薄而用可重也慎斯術也以往其无所失矣釋大過之

矣。大過之剛任重而力不足。且弱隱在微下。非任事者。故雖錯諸地。非其罪也。而其愼如此。則雖過變而往。亦不至不勝之失矣

勞謙君子有終吉子曰勞而不伐有功而不德厚之至也語以其功下人者也德言盛禮言恭謙也者致恭以存其位者也

釋謙之坤。互坎爲勞。變亡其勞。故曰勞而不伐有功而不德也。厚純坤象。稱德以盛。稱禮以恭。不伐不德。盛且恭也。謙恭而行典禮。足以存位盛在其中矣。荀子曰。禮恭而後可與言道之分

亢龍有悔子曰貴而无位高而无民賢人在下位而无輔是以動而有悔也

釋乾之上九。解見文言。引之者。明不謙

者有悔不出戸庭无咎子曰亂之所生也則言語以爲階君不密則失臣臣不密則失身幾事不密則害成是以君子愼密而不出也釋節之坎兌口坎險。愼言語象。管子曰。君泄則言實之士不進。言實之士不進則國之情僞不竭于上。亦此意子曰作易者其知盜乎易曰負且乘致寇至負也者小人之事也乘也者君子之器也小人而乘君子之器盜思奪之矣上慢下暴盜思伐之矣慢藏誨盜冶容誨淫易曰負且乘致寇至盜之招也。釋辭之恒作易。謂繫辭也。說見下繫第七章。坎有輿象。而二以剛爲主。故曰君子之器。三位不當。在坎上。負四乘二。小人乘輿之象。又三下之上。而柔懦。故爲上慢。二在三下而剛險。故爲下暴。且二間於重坎。變象亦不恒其德。故再言寇盜。又坎爲隱伏。有藏象。水能生色。有容色象。冶。妖也。亦因三不正。淫亦坎水象。孟子曰。人必自侮。然後人侮之。家必自毀。而後人毀之。國必自伐。而後人伐之。此爻之義也。

右第八章

大衍之數五十。其用四十有九。此欲言揲蓍之法。先言蓍數。蓍德圓神。其數七七四十九。而謂衍數五十者。舉其所由耳。衍字本取義於水溢。有盈而无用意。

與需象衍在中之衍同義。夫天地之數五十有五。如下文所論。而所用于蓍唯四十九。其餘皆行。此當其未用時。合而言之。故曰大衍。減五而曰五十。亦言全數以示其行。說者以大衍五十爲蓍五十莖。其一不用。无如之何。遂爲象大極等說。其言蔓延。今皆弗取焉

分而爲二以象兩掛一以象三揲之以四以象四時歸奇於扐以象閏五歲再閏故再扐而後掛

孔穎達曰。以四十九分而爲二以象兩左手爲天右手爲地。於天數之中。分掛其一而配兩儀以象三才。分揲其蓍。皆以四四爲數。以象四時。韓伯曰。奇。凡四揲之餘。不足復揲者也。分而爲二。既揲之餘合掛於一。故曰再扐而後掛。孝成按。韓意蓋謂扐者著指間也。掛者置架上也。一者掛一之

一也、分而爲二掛一。乃揲左蓍。歸餘於扐。又揲右蓍歸餘於扐。再扐而後合掛於掛一。是爲一變。如此三變而定一畫。曆法十九年七閏爲一章。前閏後閏相去三十二月。在五歲中。又按象兩而前。无象可言。如諸說曰四十九合同未分以象大一。亦本文所不言。夫筮以求卦。卦以占事。四十九未分。唯有其事。在蓍何象之有。分而爲二。一天一地。左進則右退。右進則左退。揲者長所揲消進退消長之狀見矣。吉凶兆矣。故易數二爲始

天一地二天三地四天五地六天七地八天九地十

此一節本在子曰夫易何爲上。漢書律歷志在天數五上。程朱皆因之。今從之。奇爲天數。偶爲地數。陰陽之義耳。說者以爲河圖數。又爲五行生成次第。附會之言也。且五行生成。於易无所用焉。或曰。一天數也、二地

數也。一得一爲三。二得二爲四。四得一爲五。四得二爲六。六得一爲七。六得二爲八。八得一爲九。八得二爲十。按點甚矣天數五地數五五位相得而各有合天數二十有五地數三十凡天地之數五十有五此所以成變化而行鬼神也天數五者。一三五七九。地數五者二四六八十。五位相得。謂陽數得陽位。陰數得陰位。各有合。謂一與二。三與四。五與六。七與八。九與十。配合。一六。二七。三八。四九。五十相合。亦在其中矣。總合五奇爲二十五。總合五偶爲三十。凡天地之數五十有五。蓋蓍數之所本出。故曰所以成變化而行鬼神也。成變化。謂剛柔因蓍成變化。行鬼神。謂行鬼神之命。古人有爲有行。必以卜筮問諸鬼神。奉以周旋。所謂神道設教者也乾之策二百一十有六坤之策百四十有四凡三百有六十當期之日定卦之法除三變揲扐則正策或二十四或二十八或三十二或三十六乃四揲佈之得九六七八矣七九天數而陽八六地數而陰陽上進陰主退故以七八爲少以九六爲老少不變而老變易占其變動故此以九六之策言所謂用九用六者也四九三十六而得一剛則六剛二百一十六策四六二十四而得一柔則六柔百四十四策乾坤二卦凡三百六十策其揲扐之數亦含參天兩地之義自爲九六七八是用四九之所以妙也

二篇之策萬有一千五百二十當萬物之數也二篇六十四卦三百八十四畫剛柔各半其策合萬一千

五百一十。數言以明含象之富耳。朱本達天一天數二節。移置大衍上。或曰。自天一至萬物之數也。百九字。說者之言。誤入正文。若刪去之。是以是故四營。直承再扐而後掛。則辭甚穩。

故四營而成易。韓伯曰。分而爲二以象兩。一營也。掛一以象三。二營也。揲之以四。三營也。歸奇於扐。四營也。朱熹曰。易。變易也。謂一變也。

十有八變而成卦。孔穎達曰。掛扐之數。初一揲不五則九。是一變也。第二揲不四則八。是二變也。第三揲亦不四則八。是三變也。若三者俱多爲老陰。三者俱少爲老陽。兩少一多爲少陰。兩多一少爲少陽。如此三變既畢。乃定一畫。六畫則十八變也。東涯曰。孔疏言不五則九。不四則八者。所以驗一變之奇偶多少。歐陽氏所謂兼知掛扐之數者也。其實過揲爲正策。掛扐爲餘策。漢唐諸儒及邵康節。皆因此法。朱氏以揲扐爲正策。而四揲爲餘策。是以閏爲正。以四時爲餘。原委失敘。

八卦而小成八卦即十有八變而所成之六畫卦也。因上下二體謂之八卦。如下如作八卦八卦定吉凶皆然。六畫既立。則雖无九六之變。而上下二象可以占事。是占體小成也。

引而伸之引。謂九六之變。引而之他卦。乃一卦可之六十三卦。則六十四卦占象爲四千九十六。是伸之大成者也。

觸類而長之如乾爲天。又立爲君爲父爲王等種種象。及卜楚丘占莊叔之屬。皆觸類而長之者也。

天下之能事畢矣能事。謂人所能之事。按大衍以下至萬物之數也。詳說筮法。而是故四營以下言成卦。遂以及占法。精密不遺如此。

顯道神德行是故可與酬酢可與祐神矣

總結以贊占筮顯道示變化之道於人也。神德行。託人之德行於鬼神也。進酒于客曰獻。客答之曰酢。主人復酌客曰酬。祐神謂贊成鬼神之命也。與人共酬酢。與人共祐神。上章所謂行典禮者也。用筮於廟儀在別錄

右第九章 上古曆蓋以節為主。氣无盈虛。故不必置閏。堯時始置閏。而此言象閏。則非唐虞以上筮法也明矣。蓋亦周法耳。曆說在別錄

子曰知變化之道者其知神之所為乎 變化之道。謂進退存亡之幾。神之所為。謂化育感應之妙。夫非知神之所為者。何能知變化之道乎。此亦承上章贊聖人作易以示進退存亡之幾於人。下文四尚其目也

易有聖人之道

四焉。人之事業盡乎此四者。以言者尚其辭擬之而後言以動者尚其變議之而後動以制器者尚其象觀會通以行典禮之事器。禮器也。如器以藏禮。惟器與名不可以假人是矣。夫禮樂之器。車服旌旗百爾器用貴賤異制。爵差其數。使不相踰。是謂制器。故曰見乃謂之象。形乃謂之器。制而用之謂之法。說者以爲作網罟耒耨等事。混制作而一之誤。王弼註鼎卦曰。革既變矣。則制器立法以成之焉。未失制器之義矣。制作之分。在節象註以卜筮者尚其占辭占皆由象矣。變亦象之變。故雖分四尚。而其實皆象也。故下文亦合四尚而論之。孔子之語。蓋止是矣是以君子將有爲也。將有行也。問焉而以言。其受命

也如嚮无有遠近幽深遂知來物非天下之至精其孰能與於此

此合論言動卜筮有爲有行動也曰以言者互文問謂筮以質諸鬼神所謂神德行者也受命著受人命也遂推及辭也言動卜筮百姓之所與能至知來物則聖者事故曰遂蓋聖人能知來裔而立之物亦推本諸變化之道矣耳虞書先蔽昆命洪範五謀皆人謀而後鬼謀若不盡人事而問於鬼神信禎祥者鬼神不得其正故言非人謀至精則孰能參與於此哉管子曰上恃龜筮好用巫醫則鬼神驟祟亦此意有爲以非常言有行以常事言如詩書所載卜筮皆有爲之事如禮所用卜筮皆有行之事也孰何也嚮古本足利本宋板皆作響

參伍以變錯綜其數通其變遂成天

地之文。極其數。遂定天下之象。非天下之至變。其孰能與於此。此論制器。三人爲參。五人爲伍。參伍本謂見分數以審衆寡。蓋參。因參乘。伍。因卒伍。而借用一切考覈之事。參伍以變。謂交索乾坤。以變其剛柔。成八卦也。錯間厠也。綜。機縷。謂持經使得開合者。此取以爲內外二卦升降之義。錯綜其數。杜預所謂八卦錯綜。爲六十四者是矣。通變成文者。謂通其交索之變。象而形之。施以五彩。遂成日月星辰山川鳥獸草木之文也。極數定象者。謂極王十二章。上公九章。侯伯子男七章五章等之數。遂以及百爾器物。定典禮儀象也。聖人觀世運日趨奢侈。奇技淫巧之速衰。制作禮樂。寓之器物。參伍前代。以化裁之。錯綜其數。或多爲貴。或少爲貴。通其變。極其數。以使不得增減之。夫然後人

守其器。不趨僭忒侈靡。風俗可以維持焉。此制器之所以取象也。謂之至變者。所謂化而裁之者也。謂之變

易无思也。无爲也。寂然不動。感而遂通天下之故。非天下之至神。其孰能與於此。

此總説前二節。故更端曰。易。人心貴思。思斯有爲。非寂然不動者。感物固其所也。易則无思无爲。寂然不動。而至其感動。則能開物使人成務。聖人以此洗心。遂開通天下事故。以神其德行。故曰天下之至神。東涯曰。後世以此狀人心。以爲體用之別。又以談聖人之道與佛氏之旨。較其得失。有寂感寂滅之論。考易之本旨。則殊不然。學者須辯焉。

夫易聖人之所以極深而研幾也。唯深也。故能通天下之志。唯幾也

故能成天下之務。唯神也。故不疾而速。不行而至。子曰易有聖人之道四焉者。此之謂也。

極深而研幾。謂知變化之道。以審吉凶之幾也。其唯深幾。故感應亦神。不强疾之。而人速奉之。能通志能成務。不推行之。而天下无所不至。此一節合論一章。故再引子曰以終之矣

右第十章

子曰夫易何爲者也。夫易開物成務。冒天下之道。如斯而已者也。

開物。開示事則也。乾首庶物。坤厚載物。乾知大始。坤作成物之類。皆開物之義也。徂徠因朱熹。偏爲卜筮事。謬之大者也。冒覆也。譬如天覆。无出其外者。

孔子之語亦止是已是故聖人以通天下之志以定天下之業以斷天下之疑設儀象行典禮以通志定業是開其物也卜筮以斷疑是成其務也是故蓍之德圓而神卦之德方以知六爻之義易以貢聖人以此洗心退藏於密吉凶與民同患神以知來知以藏往其孰能與於此哉古之聰明睿知神武而不殺者夫蓍變化不測故曰圓神卦有分異德故曰方知六爻代進以貢獻其義故曰易貢聖人有爲則卜筮以質諸鬼神不復弱疑慮於心是洗其私心也乃順之于外以爲鬼神之命是退藏之於密也祭義所謂示不

敢專者也。吉凶與民同患者。謂與民共奉卜筮。夫凶固所患。吉亦患不能得之。患失之。民情爲然。聖而同之。所以民之父母也。藏往。謂明知往聖制作之意。而藏之於中心。化裁以行典禮也。與於此句。上章皆以用易言。此則言聖人神知與易无間。故變文倒裝。按與民同患。神武不殺者。語仁且勇也。加之以聰明睿知。夫知仁勇天下達德也。天下之人皆依之矣。然及其至。雖聖人亦不爲易之。皋陶曰。在知人。在安民。禹曰吁咸若時。惟帝難之。仲虺曰。天乃錫王勇智。孔子曰。君子道者三。我無能焉。仁者不憂。知者不惑。勇者不懼。子貢曰。夫子自道也。由是觀之聖人之道雖廣乎。莫大於知仁勇焉。故以此三者參之於易矣。又按不殺謂當殺而不殺之。蓋亦贊文王不殺伐。託制作於易。以能成王業也

是以明於天之道而察於

民之故是與神物以前民用聖人以此齊戒以神明其德夫此承著德與神物謂用蓍也說在說卦。齊戒。所以奉鬼神曰神明其德。曰神德行。曰退藏於密。文變而義一也是故闔戶謂之坤闢戶謂之乾一闔一闢謂之變往來不窮謂之通見乃謂之象形乃謂之器制而用之謂之法利用出入民咸用之謂之神此承卦德。夕而闔戶。則羣動息。朝而闢戶。則萬物覩坤无事爲守成。乾有爲爲割據之類。皆闔闢象。乃剛柔者晝夜之象者也。一闔一闢。謂坤乾變而爲六十四卦也。往來不窮。謂六十四卦互相往來。而其所取之義无所窮止也。見象形器。謂物象見乎卦。卦象形乎器也。制。卽制器也。利用。利益民用也。蓋卦象之爲用。勿論聖人資以制度。乃卑雜弗遺。耒耨臼杵。出入民咸用之。施及蠻貊。鳥獸草木。莫不被其澤。與天地同流。所以爲神也。

是故易有大極。是生兩儀。兩儀生四象。四象生八卦。八卦定吉凶。吉凶生大業。

此總結上諸文。申著數生卦之勢。以明其要也。夫易冒天下之道。莫非示人極者。而其要歸於吉凶生大業。乃極之所要會。故曰大極。所謂盛德大業至者也。是生兩儀。與上文是興神物。句法正同。是字非有所指。兩儀者。儀象天地之名。所謂分而爲二以象兩者。吉凶兆乎此。易數之所以二爲始也。三變之後。得九六七八。是兩儀生四象也。所謂易有四象。所以示者也。積四象而生八卦。則定天下吉凶。成天下亹亹。大業之所以生也。韓註以爲大極者无稱之稱也。有必始於无。故大極生兩儀。孔疏釋之。以兩儀爲天地。以四象爲金木水火爲土則分王四季。本於漢儒混沌分氣之說。然本文不曰太極生兩儀。而曰是生兩儀與兩儀生四象。四象生八卦。文例不同。老子稱有物混成。先天地生。吾不知其名。字之曰道。是混沌分氣之所祖也。易言天地之間。故曰天尊地卑乾坤定矣。又曰一陰一陽之謂道。豈語天地之先哉。張栻曰。周易不言有无。程頤曰。動靜无端。陰陽无始。皆格言。邵雍立八層數。以闔闢天地。此自小道。致遠恐泥。朱註以爲大極者理也。始畫一畫者二。是兩儀也。次畫二畫者四。是四象也。次畫三畫者八。是八卦也。本於邵雍加倍之數。然與乾坤交索生三男三女等文。不合矣。東涯以大極爲一元之氣。流行古今者。然元者善之長非氣之謂也。乾元坤元。分而二之。豈一元哉。且曰易有大極。則非天地之大極也明矣。漢書曰。大極元氣。涵三爲一。是以元爲首。首氣未分。故曰涵三爲一。亦老子混成之說耳。東涯因以爲流行生氣。失元字義矣。

是故法象莫大乎天地。變通莫大乎四時。懸象著明莫大乎日月。崇高莫大乎富貴。備物致用。立成器以爲天下利。莫大乎聖人。探賾索隱。鉤深致遠。以定天下之吉凶。成天下之亹亹者。莫大乎蓍龜。

歷稱天地四時日月富貴聖人。配諸蓍龜。贊卜筮之大。以應上文大極。故亹亹下著者字以分之也。富貴。謂王侯。亹亹。勉也。朱熹曰。立下疑有闕文是故天生神物聖人則之立卜筮天地變化聖人效之乾坤變化而諸卦成天垂象見吉凶聖人象之辭有吉凶河出圖洛出書聖人則之孔安國註顧命曰伏羲氏王天下龍馬出河遂則其文以畫八卦謂之河圖註論語曰河圖八卦是也又註洪範曰洛出書神龜負文而出列於背有數至于九禹遂因第之以成九類依孔安國圖謂八卦即今易卦也書謂九疇即今洪範也易卦法河馬文而圖之故曰河出圖洪範因洛龜文而書之故曰洛出書聖人則之者謂聖人既作圖書乃則圖書以成事業也孔安國言神龜文數至于九而不言龍馬文數然易數二四八分物二之所以占吉凶也九疇則異於是其數九形之則如井字成於

三三。皇極居中。王者臨天下之大範。非占吉凶者。洛書與易无涉。以其類並稱耳。按八卦謂之河圖。九疇謂之洛書。猶後人稱春秋謂之麟經。表其所感而已。故下篇歷言始作八卦之所由。不復言河龍馬矣。友人赫亂曰。河出圖洛出書。卽上文天生神物之事。恐先秦傳易者附託此言。誤入正文。不然則何列之最後乎。且二則字。其文相犯。

易有四象所以示也。繫辭焉所以告也。定之以吉凶所以斷也。

四象。謂以九六七八象陰陽老少。示者。指其所之也。告者。告其險易也。辭本爲義教。繫焉。亦可以訖占事明失得之報。故疑而不定者。斷以吉凶矣。

易曰。自天祐之。吉无不利。子曰。祐者助也。天之所助者順也。人之所助者信也。履信思乎順、又以尚賢也。是以自天祐之、吉无不利也。釋大有之大壯。內乾外離。離變爲震。震順乎天而動。天之所助也。離爲相見。相見以講信、人之所助也。離以體信。震以履之、而思乎順天。又以遇尚賢之時、而居五上、傅保明主、如周公之於成王。是孔子之所贊羨也。非天祐孰能如此哉。此章反覆論蓍卦之德、至此復引孔子釋易者、以見奉易教者、必得天祐之吉矣。君子居則觀象玩辭、動則觀變玩占、爲是故也。

右第十一章

子曰、書不盡言、言不盡意。孔子之語止是。然則聖人之

意其不可見乎 *記者發難* 子曰聖人立象以盡意設卦以盡情僞繫辭焉以盡其言變而通之以盡利鼓之舞之以盡神 *再引孔子之語以明之。象以三畫言。說卦所說其凡也。卦以六畫言。設卦。如第二章註。辭者。言之文者也。易之所言。皆以虛假辭擬卦之形容。發意於言外。故能盡常言所不能盡焉。又變通盡利。以鼓舞之難衰亂世不能慶之所以神也*

乾坤其易之緼邪乾坤成列而易立乎其中矣乾坤毀則无以見易易不可見則乾坤或幾乎息矣 *六剛六柔交生六十二卦。是有乾坤包諸卦意。故曰緼。乾坤成列。而天尊地卑之道明。萬*

教由以立矣。毁謂不成列。相傳連山首艮。歸藏首坤。蓋古昔有乾坤不定列於首者耶。乃交索變化之道。剛貴柔賤之義難明。是无以見易也。易不可見。則聖人化裁之原。亦不可見焉。雖有乾坤。徒然无用。如人休息也。孔子之語。蓋亦止是矣

是故形而上者謂之道形而下者謂之器化而裁之謂之變推而行之謂之通舉而錯之天下之民謂之事業

此承上文以明制器之義。制器四尚之最大者。故特發之矣。夫聖人取卦象作車服宮室之屬。是形也。然其形直利民用。无貴賤分。民咸用之。易道吉凶存亡之義。不託于形而爲世教。是形而上者也。聖人因立之制。百爾數度文章。一切寓諸形。建之名器。以定天下象矣。夫然後人守其器。如器

與名不可以假人可見已。是形而下者也。物久則窮。隨時損益。化而裁之。是變其窮也。推而行之。使民不倦。是通其變也。舉而錯之天下之民。是聖人事業也。事者業之未成者。業者事之既成者。蓋古昔聖人所作興利用厚生之器。自易出固矣。其正德也者。皆本乎陰陽消長之道。以卑退遜讓爲要。順有恒之性而誘之。孟子曰。由仁義行是也。是故其所化裁推行。一王制作。託之玉帛鐘鼓而行者。皆形而下者也。而仁與義在其中矣。故禮樂亦謂之道。其實仁義道也。不可化裁。禮樂器也。變可以應時。上知之士。下學其器。而上達其道。顏淵高堅前後之歎。子貢性與天道之言。皆發此意。張載曰。禮樂刑賞。治天下之道也。禮雖非玉帛。而禮不可以虛行。樂雖非鐘鼓。而樂不可以徒作。刑本過惡也。必託于甲兵。必託于鞭朴。賞本揚善也。必表之以旗裳。

銘之以鐘鼎。故形而上者之道。託于器而後行。形而下者之器。得其道而无弊。此說得道器名義爲是故夫象聖人有以見天下之賾而擬諸其形容象其物宜是故謂之象聖人有以見天下之動而觀其會通以行其典禮繫辭焉以斷其吉凶是故謂之爻此承上文申易象之所以取乎化裁推行。而起下文數事之端。故重出之也極天下之賾者存乎卦鼓天下之動者存乎辭化而裁之存乎變推而行之存乎通神而明之存乎其人默而成之不言而信存乎德行極賾謂制器以定天下之象。是取之於卦象者也。鼓動。謂以吉利鼓舞民行。是聖人之情見乎辭者也。此二者爲主。故皆蓍者字以別之也。化裁推行神明默成四者。皆用之序也。故无者字。泛泛言之。而二四者。同提存字以列之。變通雖得。非其人不虛行。而人之所務。則在德行。孔子曰聲色之於以化民末也。德行至矣

右第十二章

下繫辭

八卦成列象在其中矣因而重之爻在其中矣剛柔相推變在其中矣繫辭焉而命之動在其

中矣列。謂乾一坤二震三巽四坎五離六艮七兌八之列。見說卦。象亦詳說卦。夫八卦有象而不動。因而重之。則初四二五三上內外相感。乃足以效天下之動。故曰爻在其中。命告也。九六變通之情。難可名言。聖人效繫之辭以命告之。而後情狀可見可用。以云爲。故曰動在其中。按易學啓蒙曰。八卦之上各生奇偶。而爲四畫。則爲十六。又生奇偶。而爲五畫。則三十二。爲六畫。則六十四。乃自七畫八畫。以至於百千萬億之无窮。今考之本文。八卦既成。因重爲六十四卦者明矣。豈有四畫者五畫者。及七畫八畫。以至无窮者哉

吉凶悔吝者生乎動者也卦畫人事皆然剛柔者立本者也設剛柔之名以立易教之本變通者趣時者也剛柔相推變而通之以盡利是趣其時宜者也

吉凶者貞勝者也天降災祥在德。德恒于善則勝凶。恒于不善則凶勝吉。故德貞則吉凶不足道也天地之道貞觀者也日月之道貞明者也天下之動貞夫一者也此舉天地日月之貞。以明人之不可以不貞之義也。觀示也。夫古本作於。貞夫一貞於夫一也。夫於在句中者義相近矣。一如一貫之一。謂仁。下文曰何以守位曰仁是也。言天下之動无窮。乃若其情則可以為善。故曰貞夫一。民之秉彝。好是懿德。苟其政之仁乎。天下不貞其德之有哉。孟子曰。天下定于一。又曰。一者何也。曰仁也。夫乾確然示人易矣夫坤隤然示人簡矣言卦畫之貞。確。堅貌。隤。頹同。順貌。舉乾坤易簡。而包諸卦剛柔易簡。爻也者效此者也象也者像此者也此釋爻象名義。故曰爻也者象也者主爻象之辭也。凡曰也者者辭也者神也者之類。文意皆同。效者。效乎事也。像者像于物也。爻象動乎內吉凶見乎外功業見乎變聖人之情見乎辭朱熹曰。內謂蓍卦之內。外謂蓍卦之外。變即動乎內之變。辭即見乎外之辭。孝成謂觀變玩占。功業可成。觀象玩辭。聖人義教之情可窺矣天地之大德曰生聖人之大寶曰位何以守位曰仁何以聚人曰財理財正辭禁民爲非曰義天地之德无數。而生其大者也。聖人所寶不一。而位其大者也。仁君道也。義臣道也。所謂立人之道仁與義者也。以義爲利則財可

得理矣。以義發令。則辭可得正矣。上繫首章終於成位。此則及官守。意自相應。朱本仁作人。恐非古也

右第一章

古者包犧氏之王天下也。仰則觀象於天。俯則觀法於地。觀鳥獸之文與地之宜。近取諸身。遠取諸物。於是始作八卦。以通神明之德。以類萬物之情。此章承上章大寶曰位。以明聖人得位作興之事也。地宜謂地產各有所宜。朱註所引與地之間。有天字者。恐俗本耳。柴中行曰。觀象於天。而參驗於動物之文。觀法於地。而

參驗於植物之宜取諸身取諸物而知理之所在物我无二要不出乎陰陽二端而已此說得焉八卦謂六十四卦經卦本八然不因重則不能通德類情是因經卦合六十四卦謂之八卦也通神明之德謂通聖神之德於天下也按觀於章內後世聖人之文則三皇雖邈矣亦後世也蓋上世有王而无聖如今遠夷无文之地古之葬者以薪不封不樹夷俗所傳火葬水葬何擇焉孟子曰貉無城郭宮室宗廟祭祀之禮無諸侯幣帛饔飧無百官有司蓋上世亦類耳伏羲爲王前无所因俯仰天地取身取物始作八卦神農黃帝皆因有所作爲天下之故唐虞稽古而禮樂成亦順其故而已夏承敷之殷因夏周因殷仲尼述而不作唯周是從以待繼周者損益是道之所以始於伏羲而八卦爲聖教原也

作結繩而爲網罟以

佃以漁蓋取諸離以下十三卦假舉其義象似者以示類萬物之情之模樣已非曰實取諸此以作故皆曰蓋蓋不決辭夫生民之道以食爲先鼎以名卦火食先於伏羲必矣粒食鮮食豈自八卦出哉伏羲能便民之佃漁罔供庖厨犧牲之道特以網罟兩目相承而物麗有似於離象故云爾

包犧氏沒神農氏作斲木爲耜揉木爲耒耒耨之利以敎天下蓋取諸益朱熹曰耜即今之鏵耒乃鏵柄胡炳文曰其動也在下之耜而所以入之者在上之耒於益之卦德上入下動蓋有合焉況爲天下之益於其名又有合也或曰有佃獵鳥獸之害既除田疇之利方起

日中爲市致天下之民聚天下之貨交易而退

各得其所蓋取諸噬嗑日中爲市。上明而下動。又遠者可至。所謂懋遷有無者。農事既備。商賈隨興。鄭東卿曰。始離次益次噬嗑。所取者食貨而已。食貨者生民之本也

神農氏沒黃帝堯舜氏作通其變使民不倦神而化之使民宜之易窮則變變則通通則久是以自天祐之吉无不利黃帝堯舜垂衣裳而天下治蓋取諸乾坤通其變謂推行其所化裁。使民宜之者。使其自己也。易。如後聖易之之易。易窮。改易制度所窮也。衣裳之治成於堯舜。其作蓋始乎黃帝。故連言黃帝堯舜也。舜曰。予欲觀古人之象。非始於堯舜可見。夫服色作而貴賤明。天下无爲而治。猶乾

坤尊卑定而變化行。且袞冕十二章。取象於天文地彩。九家易乾爲衣坤爲裳。所以言乾坤也。上三節皆利用厚生之事。此一節則正德之道也。下數節亦皆黃帝以上事。蓋不傳誰氏所作。故附後

刳木爲舟。剡木爲楫。舟楫之利。以濟不通。致遠以利天下。蓋取諸渙。

木在水上

服牛乘馬。引重致遠以利天下。蓋取諸隨。

牛馬能隨人意。牛力於引。馬敏於致。皆因震車動于下而上說

重門擊柝以待暴客。蓋取諸豫。

川途既通。則遠人至矣。不可无豫備。坤六畫皆分如平路。牛馬可以載行。豫一剛塞其路。有互艮門闕以衛君位象。故言重門。又因震木鳴言擊柝。備因逼交。或爲暴者。故曰暴客。非言盜也。

斷木

爲杵掘地爲臼臼杵之利萬民以濟蓋取諸小過下止上動。既粒食矣。而又精之。過以利人者也。弦木爲弧剡木爲矢弧矢之利以威天下蓋取諸睽睽而威之。考工記弓人爲弓取幹之道七。柘爲上。檍次之。檿桑次之。橘次之。木瓜次之。荊次之。竹爲下。古有蒲矢。左傳董澤之蒲。註蒲楊柳可以爲箭上古穴居而野處後世聖人易之以宮室上棟下宇以待風雨蓋取諸大壯壯固之義。或曰。震木之下。別有天焉。宮室之象也。耿南仲曰。此下三事前已有所用。今易之。故本之云。上古及古也古之葬者厚衣之以薪葬之中野不封不

樹喪期无數後世聖人易之以棺椁蓋取諸大過

有棺而又椁喪再期三年皆過於厚蓋葬禮後於宮室書契故曰古而不曰上

上古結繩而治後世聖人易之以書契百官以治萬民以察蓋取諸夬

老子稱使民復結繩而用之甘其食美其服安其居樂其俗鄰國相望雞犬之聲相聞民至老死不相往來朱熹曰結繩今溪洞諸蠻猶有此俗又有刻板者凡年月日時以至人馬糧草之數皆刻板爲記都不相亂孝成謂周禮外史掌三皇五帝之書書來尚矣此書契與結繩對則言券契非言文字之原也禮運曰昔者先王未有宮室食鳥獸之肉衣其羽皮後世有作治其絲麻以爲布帛賈公彥喪服疏云衣羽皮伏羲之時也

布帛黄帝之時也。說者多同賈疏。謂不以書契之前无文字。不垂衣裳之前服木葉獸皮。不作耒耨之前不粒食矣。非本章意也。書契者所以決民僞也。故曰官治民察。垂衣裳謂制官服耳。始治絲麻。豈黄帝之時哉。神農之事亦猶曰后稷敎民稼穡耳。陰陽往來古今无間。三皇之世不知幾千年。化之所施及蓋有漸焉。唐虞三代歷年之久。各有盛衰。而愈文秦漢而後。亦殆二千年。有盛衰而愈濁。惟是人爲。非天也。若有聖人作則周道可以繼也。已夫天地而觀之。三皇不古。況三王乎。人多以爲古今人不相及。此章稱後世聖人易之者三。旦暮萬古之旨深矣。李舜臣曰。天下之事。不至于決則不通。故雜卦之次序與十三卦之象皆終于夬。

是故易者象也。象也者像也。彖者材也。爻也者效天下

之動者也是故吉凶生而悔吝著也承上諸文。言卦象像物。以紬類萬物之情。更言象爻之義。而起下章憧憧往來以下。引易辭者。通神明之德之端材。卦之才幹也。爻者效動。動則吉凶生矣。但悔則凶爲吉。吝則吉爲凶。乃悔吝之驗著矣

右第二章

陽卦多陰陰卦多陽其故何也陽卦奇陰卦耦其德行何也陽一君而二民君子之道也陰二君而一民小人之道也朱熹曰。震坎艮爲陽卦。皆一陽二陰。巽離兌爲陰卦。皆一陰二陽。凡陽卦皆五畫。凡陰卦皆四畫。君謂陽。民謂陰

右第三章此章恐後人之言誤入於此何哉前後文不蒙且曰多陰多陽者似名義不正天曰陰陽地曰剛柔陰陽氣也剛柔形也奇偶之未畫在蓍策中者譬諸在天之氣陰陽老少其名固當也既畫矣則譬諸在地之形故謂之剛柔而未有以陰陽稱焉者若夫卦則乾坤之外不純剛柔乃取其象曰陽卦陰卦猶之可矣雖然八卦之立象所見而異坎或爲水又爲中男離或爲火又爲中女是其大象陰陽相及易之爲道屢遷八卦六十四卦何不陰何不陽故震坎艮爲陽卦巽離兌爲陰卦亦非遍論也且曰陽卦多陰陰卦多陽乾无柔坤无剛謂何記以存疑

易曰憧憧往來朋從爾思子曰天下何思何慮

天下同歸而殊塗一致而百慮天下何思何慮日往則月來月往則日來日月相推而明生焉寒往則暑來暑往則寒來寒暑相推而歲成焉往者屈也來者信也屈信相感而利生焉易咸之蹇之辭。此遍下文。說破憧憧往來之失。明貞吉悔亡之義也。同歸一致。謂人情好惡不異。天下之事。雖殊塗百慮。而人情无二。苟能審民之所好惡。則天下不足治焉。何煩思慮之有哉。故曰貞夫一。蓋憧憧往來。求諸人者也。何思何慮。求諸己者也。變有坎離。故言日月寒暑相感之義。以證不求於人者應之大矣尺蠖之屈以求信也龍蛇之蟄以

存身也精義入神以致用也利用安身以崇德也過此以往未之或知也窮神知化德之盛也

明人事屈信感應精其義至入神屈也致用信也利民用至安身行之至難亦以爲屈崇德於世永終其譽則信也譬之尺蠖龍蛇屈以求信蟄以存身過此以往唯有神化非力之所可用故曰未之或知入神譬如曰得其門而入見宗廟之美百官之富謂知吉凶消長之幾也窮神者知之盡也不利人則不能以安己論語曰先事後得正相發矣蠖屈似離龍蛇之蟄以坎中剛伏言亦皆變象

易曰困于石據于蒺蔾入于其宮不見其妻凶子曰非所困而困焉名必辱非所據

而據焉身必危既辱且危死期將至妻其可得見邪釋困之大過四非三之所困二非三之所據三居險窮不正而麗於二剛變象棟撓將被壓故曰死期將至雖有應亦亡互離豈得見乎易曰公用射隼于高墉之上獲之无不利子曰隼者禽也弓矢者器也射之者人也君子藏器於身待時而動何不利之有動而不括是以出而有獲語成器而動者也釋解之未濟藏器於身謂藏坎弓於互體待時因卦終動出皆震象不括解也子曰小人不恥不仁不畏不義不見利不勸不威

不懲小懲而大誡此小人之福也易曰履校滅趾无咎此之謂也釋噬嗑之晉。蠢動于下者小人也。懲之使不動則爲坤。坤爲衆。爲順。衆順乎離明。此小人之福也。噬嗑初上。爲受刑者。故皆以小人爲言。因變柔也。初之不恥不畏。本卦動象。上有離見。而初四不應。故曰不見利。四以明臨之。故言威懲。立人之道。曰仁與義。不仁不義。人道不立。故雖小民。誘以仁義也善不積不足以成名惡不積不足以滅身小人以小善爲无益而弗爲也以小惡爲无傷而弗去也故惡積而不可掩罪大而不可解易曰何校滅耳凶釋噬嗑之震聰不明不能聽過。故惡積。積乃上象。罪大剛象。此與上文共一卦中事。故不稱子曰。其爻義爲相混。故上文特曰此之謂也。以別之矣。

子曰。危者安其位者也。亡者保其存者也。亂者有其治者也。是故君子安而不忘危。存而不忘亡。治而不忘亂。是以身安而國家可保也。易曰。其亡其亡。繫于苞桑。

釋否之晉。安位。保存。有治。皆五居尊中正象。危生於安。亡出於存。亂起於治。治亂存亡。所代有也。故君子戰兢以嚮明。則可以休否矣。

子曰。德薄而位尊。知小而謀大。力小而任重。鮮不及矣。易曰。鼎折足。覆公餗。其形渥。

凶言不勝其任也釋鼎之蠱。四鼎口而近君。主受且施。乃位尊謀大而偏應於初。故曰德薄。變象少男。故曰知小。所任之初微弱。故曰力小而任重。及。及禍。謂蠱敗也。子曰知幾其神乎唯神知幾君子上交不諂下交不瀆其知幾乎其知如神幾者動之微吉之先見者也君子見幾而作不俟終日易曰介于石不終日貞吉介如石焉寧用終日斷可識矣君子知微知彰知柔知剛萬夫之望釋豫之解。坤靜之二。中正无應。獨守其操。變坎上諂於五。下瀆於初三。君子豫知其幾而不之矣。乃上交不諂。下交不瀆也。漢書吉之之間有凶字。朱氏取之。作起也。識。如周禮司刺不識之識。審也。言斷善不善。不可不審焉。學以審辯固執如石之介。則何終日於不善哉。君子知微則知彰。知柔則知剛。斷識之明足恃。乃萬夫之望也。不曰顯而曰彰者。會韻

子曰。顏氏之子其殆庶幾乎。有不善未嘗不知。知之未嘗復行也。易曰。不遠復。无祗悔。元吉。庶幾。近也。近乎道也。蓋顏回天資聰明。少時能知幾。孔子稱以復初辭。記者記以次前文

天地絪縕。萬物化醇。男女構精。萬物化生。易曰。三人行則損一人。一人行則得其友。言致一也。釋損之大畜。絪縕。氤氳同。氣貌。醇純通。一色成體也。構。合也。男女人也。以人包

物。故曰萬物化生。此舉陰陽合德之義。以明人之相與不純一。則不能得吉利也。損以升降泰三上爲名。故言天地絪縕。又以艮兌曰男女構精。三人行。之卦象。一人行。本卦象。夫一人行得友。則其交致一。事之所以成也。上下繫釋爻辭者。皆稱子曰。此特无子曰。蓋記者補義耳。

子曰君子安其身而後動易其心而後語定其交而後求君子脩此三者故全也危以動則民不與也懼以語則民不應也无交而求則民不與也莫之與則傷之者至矣易曰莫益之或擊之立心勿恒凶

釋益之屯。巽爲躁卦。震爲動。爲鳴。故曰危以動。懼以語。无交而求。言

躁以求益也。傷之者至。言變爲坎也

右第四章 此章釋爻者十一。皆承前章通神明之德。以廣其義也。始極言感應之義。困以戒求於人。解以勸求於己。噬嗑之初語導民於微。其上傷民之不能愼於小。休否。覆鼎。歸於知幾。但成功在純一。故以得友民不應終之矣

子曰乾坤其易之門邪乾陽物也坤陰物也陰陽合德而剛柔有體以體天地之撰以通神明之德 陰陽无形。聖人畫卦以示之。乾坤其物。故曰陽物陰物。乃六十二卦所由出之門也。陰陽合德。萬物生矣。而其合德亦无形。爻錯乾坤。則剛柔雖雜。而各有定體。不相亂矣。是以能

體天地之撰。通神明之德。陰陽合德。神化之妙。形之不可以見者。可得而窺焉。撰。如三子者之撰之撰。謂其情狀也

其稱名也雜而不越於稽其類其衰世之意邪

上文論卦畫。此文論辭。名。謂文字。周禮大行人諭書名。鄭玄謂書名書之文也。古曰名。聘禮曰。百名以上是矣。稱文雖雜。亦有條不相踰越也。於辭也類。擬事也。衰世之意。謂其辭危。蓋殷紂之時禮樂壞。而易教興。孔子晩好易。亦傷道不行也。是皆衰世之意也

右第五章

此章承上章結之。又提發辭有衰世之意。以起下諸章矣

夫易彰往而察來而微顯闡幽開而當名辯物正言斷辭則備矣

作網罟耒耜以下。反復明類萬物之情。通神明之德之義。

此章以下更論易道之要故曰夫易以別端朱熹曰而微顯當作微顯而闡而之而亦疑有誤此章多疑字不可盡通或曰彰往彰明往聖之道也察來有所前知也微顯神德行也闡幽視遠也開如開而弗達之開謂啓發事物之端也當名謂行文之當也斷辭猶曰賦詩斷章余取所求焉易辭轉化句句多取象異者故辯論物理正言時事者斷其辭則取義唯吾所求所謂盡其言者也

其稱名也小其取類也大其旨遠其辭文其言曲而中其事肆而隱

此言辭之備也中中於義也肆陳也隱謂深而不露也按屈原傳曰其稱文小而其指極大蓋本諸此而變名爲文其義則同

因貳以濟民行以明失得之報

貳疑也因疑導之以義教以濟民行

以明廸吉逆凶之報。蓋疑者教之所因。不曰如何如何。則无如何。因貳以濟民行。易教之所以妙萬物矣。如嚴君平與人子言依於孝。與人弟言依於順。雖賣卜賤事。亦有此意

右第六章

此章爲下諸章之首引

易之興也其於中古乎

中古。謂殷末也。文王繫辭焉。而易道興。蓋殷紂之時。禮樂衰矣。文王未得制作。因易以明吉凶消長之義。所謂衰世之意者也。故在禮樂壞世易教最切於人云

作易者其有憂患乎

孔穎達曰。文王蒙難作易。夫身既有憂患。須垂法以示於後。以防憂患之事也。按觀於曰。包犧始作八卦。則伏羲時未有易名。爾後有連山歸藏之名。又謂之河圖。蓋至周始有易名。故謂之周易。文王繫辭焉。不曰述而曰

作者。凡聖人之事。雖述焉皆謂之作。且易名主辭亦明矣是故履德之基也謙德之柄也復德之本也恒德之固也損德之脩也益德之裕也困德之辯也井德之地也巽德之制也履。履道也。執謙。如持柄也。復。復善也。有恒。則足以幹事矣。不可不損者。言也。不可不益者。下也。有所困。而事情可辯矣。井守常處不移焉。巽順時宜。可以制事焉履和而至謙尊而光復小而辯於物恒雜而不厭損先難而後易益長裕而不設困窮而通井居其所而遷巽稱而隱履道則行和而至。和。兌象。謙尊而光。卑而不可踰。此不言卑者。九德皆以上人言之也。復小而辯乎善不善。不遠復也。不厭雜能恒也。行難而言易。先行後言。是損言也。損內兌外艮。有止言象。益下之道。因民之所利而利之。而不施設也。有所困窮而學焉則通也。井得居而澤遷於外也。稱而隱。稱時宜而其意隱微也。

巽以和行。謙以制禮。復以自知。恒以一德。損以遠害。益以興利。困以寡怨。井以辯義。巽以行權。

寡怨。謂少人怨也。安而能慮。故井以辯義也。孔穎達曰。六十四卦。悉爲脩德防患之事。但於此九卦最是脩德之甚。故特舉以言焉。胡庭芳曰。三陳九卦。自有次序。第一節論九卦之德。第二節論九卦之材。第三節方論君子用九卦以處憂患之道。故皆以以字明之。亦如大象每卦必著一以字以明

用易也

右第七章 此章以易之典發端。與第十一章易之典句相照

易之爲書也不可遠 居而觀象玩辭。動而觀變玩占。則自天祐之。吉无不利

爲道也屢遷變動不居周流六虛 以九六變動。不居於一卦。流行於諸卦六位。韓伯曰。六虛六位也。孔穎達曰。六位言虛者。位本无定體也。或曰。虛亦居也。音通

上下无常剛柔相易 此謂八卦相錯而相升降。對卦相顛倒。又一卦中剛柔相綜。如否之初上相易而爲隨之類也

不可爲典要唯變所適 屢遷。故不可爲以典常要會之。唯變所適而道存

其出入以度外內

使知懼。出作外事入治內事者度之於易則失得之報自明使人知懼以終始。又明於憂患與故。无有師保如臨父母。臨如若親臨之之臨謂嚴臨言雖无師保之訓然有嚴父母則子能成其行矣而易如之。初率其辭而揆其方既有典常苟非其人道不虛行。卦畫變動雖不可爲典要而聖人之情見乎辭故學易者其初循其辭以度其道則既有典常不流猥陋然非能恒其德能改其過之人則易道不爲之用。

右第八章 此章自卦象而入辭

易之爲書也原始要終以爲質也。質對文而言質行立而文可施。所謂禮後者也六爻相雜唯其時物也世道雖移。如潛見惕躍飛亢則唯應其時爲教其初難知其上易知本末也初辭擬之卒成之終初者事未著。故擬之。擬者難知。成者易知。初本上末。在文一在木下爲本。一顯木上爲末。草木之生其本類皆相似及見枝葉花實則判然不相同。爲初之難知上之易知。可以譬矣。過高者多窮。難能終。故在卦以上爲名。此取其成義。故變上而曰終若夫雜物撰德辯是與非則非其中爻不備雜。如孫武兵法所謂雜於利害之雜。言雜考時物倚伏之幾。撰身之德行。分辯是非。則備於中爻。中爻二五之辭也。朱註二三四五爲中爻。失中字義。吳徵曰。正體則二五爲中。互體則三四爲中。故皆謂之中爻。固護之言耳。如復四益三四言中行者。別有義矣噫亦要存亡吉凶則居可知矣知者觀其象辭則思過半矣噫。不平聲。歎衰世也。居。謂不他求。過半之思在象者。言易敎不難知。知者不待爻辭而可得也。下二文擧畫之大凡二與四同功而異位其善不同二多譽四多懼近也柔之爲道不利遠者其要无咎其用柔中也二四陰位。故同功而與君位有遠近。故其善不同。柔須援而濟。故不利遠者也。而无咎。其以柔得中也。古本中上有得字。擧正曰。四多懼。註云懼近也。今誤以近也字爲正文三與五同功而異位三多凶五多功貴賤之

等也其柔危其剛勝邪三陽在下之上。柔非其居。故爲危地。若剛乎或勝其任邪。二節皆明二五之重於三四。不言初上者。上文別有論矣

右第九章此章自辭而及卦象。且以質敎發端。亦寓衰世之意云

易之爲書也廣大悉備有天道焉有人道焉有地道焉兼三才而兩之故六六者非他也三才之道也才。謂所能。天地人各有能不能。天能施而不能成。地能成而不能施。人能兼之。有裁成輔相之知。而不能自然。以其所能。故曰三才。夫三畫旣有三才象。而三才決无偏獨之理。故兩之而六。而畫畫皆具三才之義。不惟初二爲地。三四爲人。五上爲天而已。聖人立之道。

所謂陰陽剛柔仁義是也。故曰三才之道。道有變動故曰爻爻有等故曰物物相雜故曰文文不當故吉凶生焉三才之道。皆有變動。效以繫辭。故曰爻。爻以貴賤與時。各有差等。猶物之不齊。故六爻之義亦謂之物。物雜成文。文不當時義。故吉凶生焉

右第十章此章自卦象復歸于辭。以起下章易之興也。

易之興也其當殷之末世周之盛德邪當文王與紂之事邪時當事亦當是故其辭危危者使平易者使傾其道甚大百物不廢懼以終始其要无

咎此之謂易之道也紂爲天子其德无恒遂至大凶文王幽囚能脩其德遂成王業是吉凶无常顧德行如何耳故易之敎其辭以危懼爲本大焉繫乎國家存亡小焉百物不廢雖有憂患懼以終始則其要无咎易道唯是已

右第十一章自第六章彰往察來以下反復論所以爲脩德之大典此章擧文王與紂之事以明吉凶貞勝之義无咎乎悔之意又極其要曰懼以終始至於此之謂易之道以終焉其闡示著明如此說者不深考歸重於大衍河圖等言鑿空軋理易道與世用遠矣

夫乾天下之至健也德行恒易以知險夫坤天

下之至順也德行恒簡以知阻此亦更端論乾坤易簡以應首章之言言乾坤天下健順之至也君子法乾坤易中知險簡中知阻則能愼其德行不至凶敗矣按呉起兵法云以十擊百莫善於險以千擊萬莫善於阻十百而曰險千萬而曰阻是險難於阻故孔穎達曰大難曰險小難曰阻蓋乾事大故難亦大坤事小故難亦小能説諸心能研諸侯之慮朱熹曰侯之二字衍今按王氏略例有能説諸心能研諸慮句蓋王意亦與朱同韓本誤耳説諸心樂而玩也研諸慮危懼而審其幾也定天下之吉凶成天下之亹亹者此句上下疑有脱誤是故變化云爲吉事有祥象事知器占事知來器謂文物言易能變

化人之云爲以吉其事則有休祥以象其事則知文物制度以占其事則知將來吉凶云爲與言行不同言行以正事言云爲以常事言正事人之所重常事人之所忽庸信庸謹閑邪存誠此之謂能變化其云爲也

天地設位聖人成能人謀鬼謀百姓與能聖人作易盡利盡神與天地竝行是成其才能也於是人因易謀失得鬼神託筮告吉凶百姓日用而與其能

八卦以象告爻象以情言剛柔雜居而吉凶可見矣此言易之能也卦有雜象用之无方故以象告者應變无窮唯吾所欲固无典要爻象以聖人垂教之情言故既有典常也而象情之吉凶見乎剛柔雜居焉

變動以利言變而通之所以盡利吉凶以情遷禍有吉者

福有凶者是故愛惡相攻而吉凶生遠近相取而悔吝生情僞相感而利害生剛柔雜居愛惡互有遠應近比有情有僞

吉凶悔吝利害之所以生也孔穎達曰情感而利生僞感而害生似而非矣愛有吉凶惡亦有吉凶情有利害僞亦有利害人爲爲僞人之所爲不可直情必禮義以文之和情僞之道也荀子以禮義爲僞欲矯子思孟軻之弊其論甚激大失聖教之旨然亦不爲无謂矣貴任情无僞老列之說耳老列以眞爲宗稱天而遺人惡夫僞也聖人亦惡僞故曰作僞心勞日拙但六經不言眞孔門不以爲教合天人而和情僞文之至也王韓以虛无自化說易混宗於老氏穎達本莊列朱易之以眞實无妄與釋氏實相眞如何別程朱之徒務排釋氏以爲似而非矣釋教

出家。先王之道。不出家而成教於國。何似之有。亦何爭之爲哉。要之先王孔子之教。不貴眞合。天與人而立之極。所謂裁成輔相者也。

凡易之情。近而不相得則凶。或害之。悔且吝。

凡天下之事。本皆吉而无凶。與孟子道性善同義矣。而其有凶。出事之不當也。譬如水火。人之所以生活。利之大者也。而亦能害於人。乃知吉凶爲倚伏。而其大本吉而无凶。此文不言吉者。亦謂本皆吉而之凶之情也。夫遠者雖不相得。而不害之。近者必親。有所親。斯有所疏。或相傷害。所以凶也。夫物之相得也難。故天下之事。多凶而少吉。聖人有憂之。設卦以極其賾。繫辭以鼓其動。使背凶向吉。是以自天祐之。吉无不利。此之謂反其本也。

將叛者其辭慙。中心疑者其辭枝。吉人之

辭寡。躁人之辭多。誣善之人其辭游。失其守者其辭屈。舉人之情僞見乎辭命者。以明卦畫情僞見乎爻象。六辭之內吉一而叛疑躁誣失居其五。亦猶上文不言吉也。項安世曰。吉者靜。躁者動。叛者无信。疑者不自信。誣者敗人。失守者自敗。皆相反對也

右第十二章應首章申上繫第七章。聖人德行自易出意。以明易之凡例。所以終篇也

周易新疏卷七

田中由古
木邨正順　同挍

周易新疏卷八

因幡　河田孝成　著

文言

此篇發經文包塞衆義之例立言。故稱文言。所謂物相雜故曰文類也。其言皆擬議變化。非正解也。且獨於乾反復明之。而餘可知。故坤亦唯舉一遍云

元者善之長也亨者嘉之會也利者義之和也貞者事之幹也元者。首也。體之長也。轉以爲長人之德。乃寬仁之謂也。長人者唯寬仁。能容養衆以器使之。是衆善之長也。亨者。謂德意洽于羣下。公食宴樂於是乎有。乃嘉

美之會也。利亦君之所施。義則臣之所守。臣各有義方。不能相合。君不以利物之心而和之。則有所不行。故曰利者義之和。和如五味相和之和也。貞者。其德有恒也。君德有恒而執事者各得奏其功。譬諸枝葉依幹以生。故曰貞者事之幹也。夫乾爲君。坤爲臣。故此皆主人君德行而言之矣

君子體仁足以長人。嘉會足以合禮。利物足以和義。貞固足以幹事。

爲政在人。取人以身。脩身以道。脩道以仁。故君子體仁足以長人。聘亨嘉會足以合邦家之禮。利物裕民用足以調和臣下義方。固者。謂守之堅而不以側言改其度也。記曰。爲人君止於仁。故此變元爲仁。乃嘉會利物貞固。皆仁以行之也

君子行此四德者。故曰乾元亨利貞

此章析元

亨利貞爲四德。以君子德行論之。故貞在經文。爲萬國以貞之義。此以爲貞己德。然己貞而人貞。其義一也

右第一章 左傳所載。穆姜論隨元亨利貞。亦用斯語。其爲古語明矣。蓋在孔門所傳誦。皆前言往行。學以聚之者也如克己復禮。論語左傳並有之。可見。故曰非先王之法言不敢道。但无古書可考。不能徵焉耳。孔穎達曰。元則仁也。亨則禮也。利則義也。貞則信也。不言智者。行此四事。並須資於智。又因乾象天。以元亨利貞。爲春生夏長秋收冬藏之義。程朱因之。以貞爲智。爲知其正固守而不去。東涯駁之曰。以元亨利貞。配五性。準四時。則自唐而下。前此王輔嗣鄭康成諸儒並无其說得焉。

徂徠曰仁義禮智並稱自孟子始非孔門之舊其說雖辨然觀於立人之道曰仁與義及以知崇禮卑爲聖人德業等之諸文則孟軻亦唯揭其要領以誘人耳中庸曰仁者人也親親爲大義者宜也尊賢爲大親親之殺尊賢之等禮所生也語禮之所以後也孟子曰仁之實事親是也義之實從兄是也智之實知斯二者弗去是也禮之實節文斯二者是也樂之實樂斯二者樂則生矣與後儒所說殊且喪服四制曰有恩有理有節有權恩者仁也理者義也節者禮也權者知也仁義禮知人道具矣

初九曰潛龍勿用何謂也子曰龍德而隱者也不易乎世不成乎名遯世无悶不見是而无悶

樂則行之憂則違之確乎其不可拔潛龍也潛龍。虛象也。其取之也。唯吾所欲。文言以爲聖德之人。遯民間事。故曰龍德而隱者也。龍德謂剛。隱謂變與。蓋其德隱微。不可得而見。如舜之所以異於深山之野人者幾希。泰伯三讓。民无得而稱焉。是其至者也。易。如後世聖人易之之易。不易乎世。謂不成能於世。如孔子曰。丘不與易。亦此意。是統言之也。不成乎名。亦猶稱孔子曰无所成名。是以一事一藝言之也。不易世。故遯世。不成名。故不見是。如此而无悶。皆乾爲與之象也。與爲進退。故言樂行憂違也。確乎不拔。以乾堅言之。拔。謂撰舉也。古本拔下有者字。此篇亦成於記者之手。故稱子曰以別孔子成語矣

九二曰見龍在田利見大人何謂也子曰龍德

而正中者也庸言之信庸行之謹閑邪存其誠善世而不伐德博而化易曰見龍在田利見大人君德也龍德如上釋乾二不正因變柔曰正中庸言庸行者民生平常言行也邪者正之反閑邪防閑不正以正其居也誠者天之道也不涉思慮不可勉强唯庸信庸謹以閑其邪則習之久誠可以存矣然此事實難非剛健而有文明之學者不能爲焉是其德行如此故善世而不伐德博而化伯禹作司空時爲爾雖非君位君之德也不伐而化因龍起雲雨爲而不德以明君德故再稱爻辭九三曰君子終日乾乾夕惕若厲无咎何謂也子曰君子進德脩業忠信所以

進德也。脩辭立其誠。所以居業也。知至至之。可與幾也。知終終之。可與存義也。是故居上位而不驕。在下位而不憂。故乾乾因其時而惕。雖危无咎矣。

忠信。庸德也。君子能用力於庸德乎。其德可以日進矣。脩辭立其誠。謂脩飾辭命。而立其誠於世。詩曰。辭之輯矣。民之協矣。曾子曰。出辭氣。斯遠鄙倍矣。皆此道也。但誠於中形於外。庸信庸謹。以存其誠。必如九二。而誠可以立焉。尚不誠乎身。則雖臨事脩辭。亦何益矣。故司馬溫公戒妄語。張横渠省戯言戯動。是皆愼獨之要也。居則言忠信。動則脩飾辭命。皆取義於兌口也。三雖重剛不中。而變互有離明。故能知上下之分。不嘗復進。是知身之當至而至之。知事之當終而終之。乃知幾不失義者也。不驕不憂。亦在其中矣。周公攝位復辟。以此其遯也。昇莽之流。及是三下之限。故言至。又言終。上位亦謂三猶在下卦。故亦言下位。古本幾上有言字。足利本同。孔穎達曰。上云脩業。下變云居業者。以其間有脩辭之文也

九四曰或躍在淵无咎何謂也子曰上下无常非爲邪也進退无恒非離羣也君子進德脩業欲及時也故无咎

上下无常。因雖上亦在上之下。進退无恒。因變異不能久於其事。然其實互文。上進以釋或躍。下退以釋在淵。乾四不正。其動也正。故曰非爲邪。又變異以稱時。互離以明幾。而不輕去本卦。故曰非離羣。夫人上下无常。或爲邪佞。進退无恒。遺舊附勢。而此則非爲

邪佞。又非離善類。然則何爲。君子進德脩業。二者欲及時。而不遑寧居而已。所以无咎也。與小畜四有孚无咎相發。如孔子栖栖。亦此意。朱熹曰。如舜歷試文王有二。湯武鳴條牧野時。九五曰。飛龍在天。利見大人。何謂也。子曰。同聲相應。同氣相求。水流濕。火就燥。雲從龍。風從虎。聖人作而萬物覩。本乎天者親上。本乎地者親下。則各從其類也。孔穎達曰。聲氣水火先明自然之感。龍吟則景雲出。虎嘯則谷風生。此明有識之感无識。聖人作。飛龍在天也。萬物覩。利見大人也。是有識感有識也。萬物之體。有感於天氣偏多者。有感於地氣偏多者。故周禮大宗伯有天產地產。大司徒云。動物植物。

孝成。謂萬物覩象。萬教見乎世。動物皆橫首。唯人爲正首在上。是親上也。植物倒立於地。是親下也。言聖人興而萬善明。俊乂之士。乘時競進。猶萬物達生。所以利見大人。但人各有類。君子利朝。小人利野。猶動物親上植物親下。則利見之大人。亦有數種。登天下人。皆利見王者之謂哉。離爲明。爲麗。爲見。明而相親見之義也。樂記云。作者之謂聖。雖有其德。苟无其位。不作禮樂。故此章初二三四言德。而唯五以聖人稱焉

上九曰。亢龍有悔。何謂也。子曰。貴而无位。高而无民。賢人在下位而无輔。是以動而有悔也。无位。過君位也。无民。與下絶也。无輔。以上下隔。无由輔佐之也。動。謂其變。无位无民无輔。而之兌。說。此之謂亢。所以有悔也

右第二章

潛龍勿用下也（四變則外爲巽。而爲自用。此則爲勿用者。以在下也）見龍在田時舍也（剛健而文明。時中止舍。謂當路以韻故曰舍）終日乾乾行事也（健而說行事）或躍在淵自試也（進退於上）飛龍在天上治也（君位而文明。乃自上治下）亢龍有悔窮之災也（說窮必災）乾元用九天下治也（道也者一以貫之。乾象唯元盡之矣。亨利貞則其驗耳。故曰乾元。乾象創業。坤象守成。楚語所謂天事武。地事文。亦取義於乾坤。乾元用九。乾變爲坤。故曰天下治。如周武放馬固矣。如光武曰吾理天下。欲以柔道行之。亦能變其剛健。而

行柔順。一身兼創業守文者也

右第三章

潛龍勿用陽氣潛藏乾爲隱伏。陽氣潛藏象見龍在田天下文明上乾下離終日乾乾與時偕行說而應乎天。是與時偕行或躍在淵乾道乃革風行天上。雲物改色飛龍在天乃位乎天德剛健文明。而中於上。天地之大德曰生。天德。謂萬物資始之德。在人仁也亢龍有悔與時偕極不曰窮而曰極者。會韻。說者不察。混用窮極誤乾元用九乃見天則健而能順。天之則也。上章以人事言。故曰天下治。此章以天道言。不曰天道，而曰天則，亦會韻。按象釋潛龍，亦曰陽在下也。與此章陽氣潛藏同意。凡象釋爻辭，舉其一隅，使反諸三隅，如此。故知分附彖象於經中者，非聖人本旨也。

右第四章

乾元者，始而亨者也。乾元解在上，彖始則必亨。利貞者，性情也。凡天下之事，變而通之以盡利，唯性情利在不變矣。聖人設教，方土異宜，亦隨其性情而已。所謂各正性命，保合大和者也。乾始能以美利利天下，不言所利，大矣哉。承上文。略文曰乾始美，如先王之道斯爲美之美。謂禮文，即乾道變化，莫遠不届者也。不言所利者，以无所不利也。如牝馬建侯，皆言所利之事者也。大哉乾乎剛健中正純粹精也此重贊乾之大。釋五之爲卦主以明辭因卦主意。故曰剛健中正。而又曰純粹精。蓋畫位以二爲重臣。而五爲君。雖因其得中。亦有自然之象。初三雖下皆陽。非臣之宜。四上雖上皆陰。非君之宜也。則乾五乃純粹精也。純。純剛粹。不雜。而精則純粹中精一者也六爻發揮旁通情也六爻謂潛見惕躍飛亢之辭也。卦畫之情。幽深難明者。六爻發揮而旁通之。旁。謂岐道旁出。爻言乎變。轍非一途。故曰旁通。言无所遺也時乘六龍以御天也雲行雨施天下平也此篇蓋後於釋彖而成。故此章兼釋釋彖之意也

右第五章

君子以成德爲行日可見之行也潛之爲言也隱而未見行而未成是以君子弗用也巽伏不果君子剛象。成德謂德及物。君子之德以及物爲行。著之事業。使人日可見。不以獨善其身而爲足。此以乾言之。潛之爲言以下。以巽言之。初在最下。稱時不可而弗用也

君子學以聚之問以辨之寬以居之仁以行之易曰見龍在田利見大人君德也學問以成己寬仁以濟衆君德盡矣。學問以離明在內言。寬仁以乾以君之言

九三重剛而不中上不在天下不在田故乾乾因其時而惕雖危无咎矣重疊二剛而過

中是重剛不中也天謂五田謂二不曰地者因經文也蓋天地之道自然而成人之所爲不勉則敗乾雖稱六龍然經初二五上言龍而三直言君子以明人道不可不勉强之意此云上不在天下不在田者亦明其爲人居以中誠也

九四重剛而不中上不在天下不在田中不在人故或之或之者疑之也故无咎重疊三剛而未至五亦重剛不中也下遠於田是不居人居也故經不言君子亦不言龍直或之也與疑能愼其進退所以无咎也此章唯三四言位者以居有小疵也

夫大人者與天地合其德與日月合其明與四時合其序與鬼神合其吉凶先天而天弗違後

天而奉天時天且弗違而況於人乎況於鬼神乎五一卦之主故更端曰夫此一節專贊王者繼天立極民神得其所也與天地合其德謂因天時地利以設其教郊祀以合德於天地而後行之也合明於日月不惑私謁而能視遠也合序於四時布令順時也合吉凶於鬼神卜筮以質諸鬼神也天弗違者天心應之也奉天時者審時舉事也古者告朔布令於國王侯所愼後世一任刑法人各隨意以自祈其冥福神道之所以不得已也先於人後於鬼神義在豐象亢之爲言也知進而不知退健而說高知存而不知亡兌柔不知夬決之患知得而不知喪柔闇貪得其唯聖人乎知進退存亡而不失其

正者。其唯聖人乎。正。謂五。得尊位之正。夫堯舜之盛。尚且相誡逸樂。知亢悔於未至。兢業萬幾。退讓從人。不敢自亢。是所以不失其正也。夫滿而虧。天之道也。自非聖者。孰能保其盈哉。故再曰其唯聖人乎。不言得喪者。因有不失其正之文。而省耳。竊疑此一節亦贊文王也。文王不敢位乎尊位。故隨上萃四取象于西岐之亨。離上益二。言王征王亨。但比五王驅言與王之勢耳。乾上之變。雖正乎亢。非聖者之事也。兌反爲巽。則上爲小畜之四。乃知進退存亡。而不失其正。至德之所以神也。兌巽取反象。說在損三象。蔡澤說應侯曰。進退盈縮。與時變化。聖人之常道也。易曰。亢龍有悔。此言上而不能下。信而不能詘。征而不能自返者也。觀此等言。取反象說似古矣

右第六章

坤至柔而動也剛 內外皆柔。故曰至柔。柔以喩人臣之元也。遇六則變。故曰動也剛。至靜而德方 譬如地有方隅而不轉易。此以不變言之。蓋其德方者靜而能慮。所以亨也。後得主而有常 主。如遇主于巷之主。坤之於乾。不惟君臣。其所指廣矣。故曰得主。彖則曰得常。此兼而釋之。故又曰有常。且取便韻。明士多用此義。程朱以爲主下脫利字。非。含萬物而化光 貞以時發。說詳彖註。坤道其順乎承天而時行 此總而論之。言坤道之順。猶地道承天。故化光時行。

右第七章

積善之家必有餘慶積不善之家必有餘殃臣弒其君子弒其父非一朝一夕之故其所由來者漸矣由辯之不早辯也易曰履霜堅冰至蓋言順也順。謂馴致。坤之復。馴致爲臨。爲泰。爲壯。爲夬。終成純乾。是積善餘慶也。但慶殃相爲倚伏。苟辨之不早。所爲雖善。亦或爲積不善基。如季友之忠於魯。遂至成乾侯禍。可見。而況自積不善者乎。蓋坤柔之時。殃蘖易漸長。所以戒於順也

直其正也方其義也君子敬以直内義以方外敬義立而德不孤直方大不習无不利則不疑其所行也不正則不

能直非義則不能方正因位正履禮之謂禮主乎敬故又變云敬敬以直内義以方外所謂以禮制心以義制事也德不孤謂必有助者爲人臣止於敬義亦臣道而坤爲衆變剛羣柔應故云爾大因剛行有利不利則不得不疑尤不利則何疑之有哉己既不疑衆亦信之功之所以大也以坎水流行言之乾二言誠坤二言敬誠本天道而敬主人事乾二言仁坤二言義仁君道也義臣道也天人之辯君臣之分盡矣按武王踐阼召師尚父而問焉曰黄帝顓頊之道存乎師尚父曰在丹書曰敬勝怠者吉怠勝敬者滅義勝欲者從欲勝義者凶王聞書之言惕若恐懼退而爲戒書於席之四端鑑盤杖帶戶牖弓劍莫不銘焉前儒論之曰敬則萬善立怠則萬事廢義則理爲之主欲則物爲之主吉凶存亡之所由分也敬以直内義以方外敬則心无

私邪内之所以直也義則事物當分外之所以方也自黄帝而武王自武王而孔子其皆一道歟

陰雖有美含之以從王事弗敢成也地道也妻道也臣道也地道无成而代有終也

陰謂坤美謂陽乾始言美利而坤唯三五言美陽位也代代天也言地道代天以明妻道代夫臣道代君之義夫坤六畫皆爾獨於三云爾者陽位居内之上變爲剛嫌於不安順承者故詳其言而其義則三變之謙止而順故无成而代有終也蓋地道陰靜无發動生育之氣如屋下不生草可以小推大而其能成萬物者皆承天而有終也

天地變化草木蕃天地閉賢人隱易曰括囊无咎无譽蓋言謹也

變震爲泰

爲蕃鮮。故曰天地變化草木蕃。順長則爲萃。爲
否。至否則天地閉。且下卦皆柔。應上无違。善柔
爲俗。蓋坤四之時。治平過半。文化闊如春葩。遂
成豫樂。苦言不聽。世運將閉。君子知微知彰。懼
否之將至。默以保身。故曰賢人隱。謹謂
謹言。異本蕃下有茂字。謹下无也字。

君子黃中通理正位居體美在其中而暢於四支發於事業美之至也

六五之動。以剛文中。故曰黃中。
理。因地理而坎爲通。故曰通理。
爲剛居陽正其位也。體謂四支。坤之於乾。譬之
股肱元首。六五雖變猶在坤中。故曰居體。坤臣
五君。臣攝君位。能黃中心。開通文理。不失臣節。
如裳在體。則美在其中。而見於容貌事業。周公
其人哉

陰疑於陽必戰爲其嫌於无陽也故稱龍

焉猶未離其類也故稱血焉夫玄黃者天地之雜也天玄而地黃

剛將止於上而柔既至君位有陰盛爲陽所疑之象疑心生戰爭乃剝象也爲其无陽之嫌故稱龍以示名分然猶與柔羣共處有春秋公至自齊居于鄆意故稱血以醜之也陰陽以剛柔象而言之乾坤初象言陰陽文言以陰陽終之蓋以相應云无陽也古本无也字雜下古本有色字足利本宋板同

右第八章

文言不言用六者利在不變而无別義可論也

說卦

此篇專說卦象首擧著卦綱要經文及彖象繫辭文言有此篇所載諸雜象而後其義可

得而言乃知篇次有意也此篇以下雖无以子曰表孔子成語者蓋亦記者所錄而傳焉耳諸說多端別錄論之矣

昔者聖人之作易也幽贊於神明而生蓍生蓍謂生神物也鬼神不能親臨人聖人作易而幽贊之鬼神之德行矣天地感而神草生因用之筮按儀禮謂蓍爲筮筮字從竹蓋上世用竹至文王作易神蓍生而始用蓍耶繫辭揲蓍言閏則唐虞以後之法也必矣然則此曰作易亦非言伏羲乃知下文窮理盡性仁義之言亦非論說上古樸素之世也

參天兩地而倚數孔穎達曰馬融王肅等皆依繫辭云天數五地數五五位相得而各有合以陰從陽天得三謂一三五地得兩謂二四朱熹曰天圓地方

圓者徑一圍三。三各一奇。故參天而爲三。方者徑一圍四。四合二偶。故兩地而爲二。數皆倚此而起。故揲蓍三變之末。其餘三奇則三三而九。三偶則三二而六。兩二一三則爲七。兩三一二則爲八。孝成謂。孔朱並存本末互發。夫一五包二四。而三在二四間者。有天包地外。而其氣含地中之象。是數之原也。故揲蓍之法倚諸此。而天之曆數及男三十而娶。女二十而嫁類。皆由是出

觀變於陰陽而立卦。陰陽謂九六七八。合一三五則九。合二四則六。是爲老。七將進於九。八將退於六。是爲少

發揮於剛柔而生爻剛柔畫也

爻者辭也。發揮畫之情僞而生辭。聖人旣繫辭焉。而此曰生爻者。以說卦故也。文言所謂六爻發揮。旁通情者。以經文爲爻。此則言臨時生爻。夫天下之動无窮。而辭有所局。自非臨時生爻。

何能應人事之變而盡神乎。如季友將生筮者曰。同復于父。敬如君所。秦伯伐晉。筮者曰。千乘三去。獲其雄狐之類。臨時生爻意可見耳。

和順於道德而理於義

道德道藝德行也。義者道德之分也。道藝德行之應事也。千變萬化。莫不各有其義焉。常言不足以盡之。唯易變化可以分其條理。故曰理於義。程迥曰。易以道義配禍福。故爲聖人之書。陰陽家獨言禍福而不配以道義。故爲技術。說遇獲貪則曰吉。得正而斃則曰凶。故王仲淹曰。京房郭樸古之亂常人也。

窮理盡性以至於命

此承理於義而言。義有通義。有時義。通義人之所具瞻。可不待卜筮而決之矣。如時義則事變无窮。有理義不可得而見者。唯易理於義而至賾不可惡。至動不可亂。可以窮事之條理。條理立而人各得盡其性之所能以成務。夫然後貴賤知愚各得其分。是身至于天命之所在也若不窮條理。不盡性之分。而得吉得凶者。皆非正命也朱熹曰。窮天下之理。盡人物之性。而合於天道。天下人物天道。本文所不言。徂徠因朱註爲聖人之事今皆弗取也

右第一章

昔者聖人之作易也將以順性命之理性命之理。謂五倫十義之類。各有天然條理。而不可亂也聖人作易。示人吉凶利不利。其意將以順天理。若逆天理。而求吉利者。雖幸而得之。亦運而已矣。故孔子曰。不義而富且貴於我如浮雲是以立天之道曰陰與陽立地之道曰柔與剛立人

之道曰仁與義

此申所以順性命之理也天道冥冥而陰陽可以窺其原地道无疆而剛柔可以觀其歸人道多端而仁義可以統其凡夫天而陰陽因氣名焉地而剛柔因形名焉若合而言之則天德爲陽爲剛地德爲陰爲柔人具天地之德仁義之心人皆有之仁者人也於文人二爲仁人人相親比之道也周禮六德仁屬司徒司徒掌邦敎職在親民而本之君上躬行故爲人君止於仁未有上好仁而下不好義者君道主仁臣道主義君臣道合而邦國安猶陰陽交而萬物育焉先王制禮由仁義行孔子之時禮直爲觀美故曰人而不仁如禮何悲夫失其本也然猶未竝稱仁義者禮存焉義在其中也降至戰國人務力爭以禮爲迂故孟軻輩專言仁義如此章亦以卦畫明形而上者之道是其所以竝稱仁義也然又有説惟天

爲大地。則在天中。惟陽爲大。陰乃陽之陰。故人道亦莫仁大焉。義則仁之佐耳。是乾大坤至之說也

兼三才而兩之。故易六畫而成卦。分陰分陽。迭用柔剛。故易六位而成章。

六畫析爲二。則各三畫。析爲三。則各二畫。皆兩三才。含參天兩地之數。參兩爲五。五生十日。六成十二枝。天地之紀也。二四六爲陰位。一三五爲陽位。分立陰陽六位。而迭用柔剛居之。則情狀錯雜。三才之章見焉。故曰六位而成章。畫位陰陽柔剛之名。有此文而明矣。畫以柔剛爲名者。如柔亦不茹。剛亦不吐之柔剛。以物譬事情也。取變柔變剛者。與沉潛剛克。高明柔克。同意。設補弊之訓也。三略曰。能柔能剛。其國彌光。能弱能強。其國彌彰。純柔純弱。其國必削。純剛純強。其國必亡。亦此意

右第三章

天地定位，乾坤成列於首。山澤通氣，咸居下經之始。雷風相薄，恒次於咸。水火不相射，坎離相並。既終上經，又合其體以終下經。是其情不相厭也。邵氏朱氏以此爲伏羲卦位。其言无稽。元富國胡炳文輩皆以爲始終上下經之義，得之矣。

八卦相錯，八卦相錯而成六十四卦。其意皆如上所言矣。

數往者順，知來者逆，是故易逆數也。數往，謂數過揲之策，以立卦。是順而易矣。將來之事，唯象可以逆占其幾。所謂極數知來，原始反終者。乃逆知之數也。此章承上二章，以發下諸章說占象之端也。

右第三章

雷以動之風以散之雨以潤之日以晅之艮以止之兌以說之乾以君之坤以藏之此說占象之初。交舉象名。以明卦之兼天人。上四句以天言之。下四句以人言之。言乾君而不言坤臣。言坤藏而不言乾顯者。所謂不言之象也

右第四章

帝出乎震齊乎巽相見乎離致役乎坤說言乎兌戰乎乾勞乎坎成言乎艮此語上古王者。法八卦以布化也。震

爲威武。象王者始興。故曰帝出巽爲號令。威武震而後號令行。物得其宜。故曰齊。事物儀則能齊。可以相見。相見而後溝洫力役之賦可致。萬民可以養焉。說言所以生於下也。說以犯難。民忘其死。可以討不服矣。而坎水慰勞之。而止於艮。艮兌之反。言之所以成也。夫言有空言不可施於事業者。艮能成終成始。故爲成言

萬物出乎震。震東方也。齊乎巽。巽東南也。齊也者。言萬物之潔齊也。離也者明也。萬物皆相見。南方之卦也。聖人南面而聽天下。嚮明而治。蓋取諸此也。坤也者地也。萬物皆致養焉。故曰致役乎坤。兌正秋也。萬物之

所說也故曰說言乎兌戰乎乾乾西北之卦也言陰陽相薄也坎者水也正北方之卦也勞卦也萬物之所歸也故曰勞乎坎艮東北之卦也萬物之所成終而所成始也故曰成言乎艮

觀言南面之治取諸離則此卦位其來尚矣故經文因以用之。邵朱不察。謂文王所定者非也蓋伏羲所定。而曆法四時八風。皆本于此。別錄論之詳矣。夫聖人作曆範圍天地之化。時明節正培養遂而萬物育焉。此揭其梗概。明上文古帝法以御天下之意。坤不言西南者。地載萬物。不專一方。且舉七卦。可推知也。兌言秋則三時亦可知。乾陽物而居陰位。故曰相薄。乃戰象也。北方

言正則方皆正也。坎水勞而艮止終之終。終則又始。故曰成終成始

右第五章

徐幾曰。坎離天地之大用也。得乾坤之中氣。故離火居南。坎水居北也。震動也。物生之初也。故居東。兌說也。物成之後也。故居西。此四者各居正位也。震屬木。巽亦屬木。震陽木也。巽陰木也。故巽居東南。兌屬金。乾亦屬金。兌陰金也。乾陽金也。故乾居西北。坤艮皆土也。坤陰土。艮陽土。坤居西南。艮居東北者。所以均旺乎四時也。此四者分居四隅也。震巽屬木。木生火。故離次之。離火生土。故坤次之。坤土生金。故兌乾次之。金生水。故坎次之。水非土亦不能以生木。故艮次之。水土生木。木又生火。八卦之用。五行之生。循環无窮。此所以爲造化流行之序也。孝成謂。先

儒論方位率如徐說但五行生克經无明
文本得水而益生色坎勞象耳其實土生
木也不唯木而已萬物皆生於土坤之所
以資生也水豈金之所生哉克木者莫如
火焉火者大陽之靈其氣充塞乎兩間故
物觸則生火但其形麗于木炎炎相續所
以能克之也火克金金克木言火以爍金
爲器金以伐木爲用是皆人之所爲非自
然運行也水克火在易則曰水火不相射
洪範五行則洛龜而立觀於朱氏所謂今
山龜背文中間成五段兩邊各排四段共
成八段八段之外兩邊周圍共有二十四
段五行八卦二十四氣具焉者則似自然
之數然聖經言五行者謂地上五物資以
利民用者而已故左傳曰天生五材民竝
用之大禹謨以水火金木土穀爲六府觀

以數並稱。則其意可見矣。乃知生克之說皆由人爲而起。非天也。謂之造化流行之序者非矣。故相生相克方伎取之曆家用之。亦皆小道。致遠恐泥。故今皆芟取也

神也者。妙萬物而爲言者也。動萬物者莫疾乎雷。橈萬物者莫疾乎風。燥萬物者莫熯乎火。說萬物者莫說乎澤。潤萬物者莫潤乎水。終萬物始萬物者莫盛乎艮。故水火相逮。雷風不相悖。山澤通氣。然後能變化。既成萬物也。

此申第三章八卦相錯之義。以明下文雖象之妙也。不言天地而言神者。神即天地妙用。動橈燥說潤終始。皆神之

所爲也。不言山而言艮者、不害終始之義於山爲徵。亦明水火雷風山澤皆言於卦象也。卦象與天地相似如此。故八卦相錯能變化。既成萬數。與天地竝行尚矣

右第六章

乾健也。坤順也。震動也。巽入也。坎陷也。離麗也。艮止也。兌說也。程頤曰、剛在下者動之象。在中者陷之象。在上者止之象。柔在下者入之象。在中者麗之象。在上者說之象

右第七章

乾爲馬。坤爲牛。震爲龍。巽爲雞。坎爲豕。離爲雉

艮爲狗。兌爲羊。孔穎達曰。乾象天。天行健。故爲馬也。坤象地。任重而順。故爲牛也。震動象。龍動物。巽主號令。雞能知時。坎主水瀆。豕處汚濕。離爲文明。雉有文章。巽徵曰。外剛能止物。而內柔媚者狗也。外柔能說食。而內剛很者羊也

右第八章

或曰。經乾象龍。此震爲龍。何也。曰。乾之龍以畫言。故有羣龍六龍文。此震爲龍。亦因初剛之動耳。玩占者象隨事而遷。故此下廣舉八卦雜象。亦求始可爲一定之說。如乾陽爲馬。坤陰爲牛。故馬蹄圓。牛蹄坼。馬病則臥。陰勝也。牛病則立。陽勝也。馬起先前足。臥先後足。從陽也。牛起先後足。臥先前足。從陰也。推類求之。固有餘義。今但略記孔疏及大全所載。以見一隅云

乾爲首坤爲腹震爲足巽爲股坎爲耳離爲目艮爲手兌爲口

首會諸陽而在上。腹藏諸陰而容物。足動於下。股兩垂而隨。耳輪偶者陰也。竅奇者陽也。陽陷於陰。蠱伏于內。腎水竭則聾。目陽中有陰。故內白而內黑。寐者神棲於心而形閉。寤者神發於外而形開。耳不動而目動。剛柔之用也。手剛在前。口開于上。又震艮相反。疾走者揮臂。束手者緩行。此皆雜錄舊說。省其姓名。下皆倣之

右第九章

乾天也故稱乎父坤地也故稱乎母震一索而得男故謂之長男巽一索而得女故謂之長女

坎再索而得男故謂之中男離再索而得女故謂之中女艮三索而得男故謂之少男兌三索而得女故謂之少女

索求也。坤初求得乾氣爲震坤二求得乾氣爲坎坤三求得乾氣爲艮乾初求得坤氣爲巽乾二求得坤氣爲離乾三求得坤氣爲兌。此見諸卦皆自乾坤來。此之父母生六子。故此篇以乾坤震巽坎離艮兌爲卦序。男列陽位女列陰位。而長少之序自正。朱熹深泥加倍之說。以乾兌離震巽坎艮坤爲卦序者。亂也。甚至爲其嫌於卦序不合。以得三男三女爲揲蓍求卦之事。著豈可以三畫卦時論哉

右第十章

乾爲天、爲圜、爲君、爲父、爲玉、爲金、爲寒、爲冰、爲大赤、爲良馬、爲老馬、爲瘠馬、爲駁馬、爲木果。圜圓通。天體也。玉德粹。金堅剛。寒因位西北。冰者柔之變而剛者也。大赤盛陽之色。坎中剛爲赤。加大字以別於坎也。馬加良老瘠駁以異於震坎也。山海經曰。駁如馬而身黑。二尾一角。虎牙爪。音如鼓。食虎豹者。宋劉敞奉使契丹時。山中有異獸。如馬而食虎豹。虜人不識。以問敞。曰此駁也。所言形狀音聲皆是。虜嘆服之。木果圓而在上。九家易此下有爲龍。爲直。爲衣。爲言

坤爲地、爲母、爲布、爲釜、爲吝嗇、爲均、爲子母牛、爲大輿、爲文、爲衆、爲柄。其於地也爲黑。布取廣載也。釜取化

生成熟也。吝嗇。取生物雜聚也。均。取地道平均也。子母牛。取多蓄育而順也。大輿。取能載。坎亦爲輿。而惟二柔不得爲大也。文。取品物化光也。衆。取地載物非一也。柄。取生物之本也。黑。取陰色也。九家易有爲牝。爲迷。爲方。爲囊。爲裳。爲黄。爲帛。爲漿。

震爲雷。爲龍。爲玄黄。爲旉。爲大塗。爲長子。爲決躁。爲蒼筤竹。爲萑葦。其於馬也。爲善鳴。爲馵足。爲作足。爲的顙。其於稼也。爲反生。其究爲健。爲蕃鮮。

乾坤始交而生震。故兼有天地之色。天玄地黄。玄黄相雜而成蒼色也。旉。取春時草木吐旉也。旉字又作藪。與華通。花蒂下達而上分。爲震象。大塗一奇動於内。而二偶開通。前无壅塞也。決者剛進而決柔。躁者剛之動也。蒼，深青色。筤，謂色之美。蓋竹之筋也。萑，荻葦蘆。竹萑葦皆下本實而上幹虛，善鳴者陽在內爲聲。上畫偶，口闢出聲也。馬後足白爲馵。取動而見也。白額爲的顙，詩所謂白顚者也。亦取動而見也。反生，取始生戴甲而出也。震動究於上，則變而爲乾，故其究爲健也。蕃鮮，取春時草木蕃育而鮮明也。然是非春初之象，乃春夏之際乎。故於其究言之也。草木一根而葉分闢於上。亦震象。馵音注。九家易有爲玉、爲鵠、爲鼓。

巽爲木，爲風，爲長女，爲繩直，爲工，爲白，爲長，爲高，爲進退，爲不果，爲臭。其於人也，爲寡髮，爲廣顙，爲多白眼，爲近利市三倍。其究爲躁卦。繩直，取巽令齊物，如繩之直木也。工亦取繩直之類也。白，取風吹去塵穢白也。長取風行之遠也。高取風性高遠。又木生而上也。進退取風前却物也。不果取風性前却不能果敢也。臭取下風遠聞也。凡物有聲色臭味。聲臭屬陽。色味屬陰。巽二剛外達。故爲臭。則震一剛內主爲聲。兌者巽之反爲味。艮者震之反爲色。以頭言。陰血盛者髮多。陽氣盛者髮少。以額言。陽體勝者額廣。陰體勝者額狹。巽二剛在上。故爲寡髮。爲廣顙。以眼言。白者爲陽。黑者爲陰。離目上下白而黑者居中。巽月上中白。而黑者在下。上白多於黑。故爲多白眼。剛施有德象。柔受有求財象。德者本也。財者末也。震剛在內。內本外末。巽柔在內。外本內末。故爲近利。曰市三倍者。猶詩言賈三倍。取木生滋盛利之甚也。其究爲躁卦。猶順風至烈。故巽上多爲躁象。震長成乾。曰其究爲健。巽長成坤當曰其究爲順。而不言者。震有動決柔勢。故

曰決躁。弱則進退不果。徒爲躁妄。取象轉化不拘一途。九家易有爲楊爲鸛。坎爲水

爲溝瀆。爲隱伏。爲矯輮。爲弓輪。其於人也。爲加憂。爲心病。爲耳痛。爲血卦。爲赤。其於馬也。爲美脊。爲亟心。爲下首。爲薄蹄。爲曳。其於輿也。爲多眚。爲通。爲月。爲盜。其於木也。爲堅多心。

溝瀆。取水行无所不通也。隱伏。取水藏地中也。使曲者直。爲矯。使直者曲。爲輮。水流曲直。故爲矯輮也。弓激矢。如水激射也。輪運行如水行也。加憂。取憂險難也。心病。亦取憂險難也。耳痛。取中滿也。血卦。取人之有血。猶地有水也。赤。亦取血之色。得乾中畫。故與乾同色也。脊者。身之中。文在中。故爲美

脊。亟。急也。亟心取內動也。上柔。故下首而不昂。水流向下之象。下柔。故蹄薄而不厚。足曳而步不高。皆水流磨地而行之象也。多眚取表裏有柔。力弱不能重載。常憂災眚也。通取行孔穴也。月。取水之精也。盜取水行潛竊如盜賊也。堅多心。取剛在內也。九家易有為宮。為律。為可。為棟。為叢棘。為狐。為蒺藜。為桎梏。

離為火。為日。為電。為中女。為甲冑。為戈兵。其於人也。為大腹。為乾卦。為鼈。為蟹。為蠃。為蚌。為龜。其於木也。為科上槁。

甲冑。取剛在外也。戈兵。取以剛自捍也。大腹。取懷陰氣也。乾卦取日所烜也。鼈蟹蠃蚌龜。皆取剛在外也。科空也。柔在內。為空。木既空中者。上必枯槁也。乾音干。九家易有為牝牛。

艮為山。為徑路。

爲小石。爲門闕。爲果蓏。爲閽寺。爲指。爲狗。爲鼠。爲黔喙之屬。其於木也爲堅多節。

徑路。取山有澗道也。小石。取剛在土上。且卦象小。故小之也。闕者。門之出入處。上畫連亘。中下二畫雙峙。似門闕也。木實爲果。草實爲蓏。乾純剛。故爲木果。艮一剛在上者。木之果。二柔在下者。草之蓏。取出於山谷中也。閽寺。取禁止人。周禮閽人。掌王宮中門之禁。止物之不應入者。寺人。掌王之內人及宮女之戒令。止物之不得出者。皆衞內之柔者也。指。取執止物也。狗鼠。取皆止人家也。黔喙與鈐通。以鐵束物之謂。黔喙之屬。山居猛獸。齒牙堅利。如鐵能食生物者也。堅多節。取山之所生。堅勁多節也。九家易。有爲鼻。爲虎。爲狐。

兌爲澤。爲少女。爲巫。爲口舌。爲

毀折。爲附決。其於地也爲剛鹵。爲妾。爲羊。巫者。口舌之官。以言語奉神。以言語說人。故爲巫。爲口舌。秋氣始殺。條枯實落。故爲毀折。柔附於剛。剛乃決柔。故曰附決。剛鹵之地。下剛而上柔。不能生物。然剛地生金。鹵地出鹽。天地生物之妙也。妾。取少女從姊爲娣也。羊如上釋。

右第十一章繫辭曰。聖人立象以盡意。設卦以盡情僞。繫辭焉以盡其言。明三者各有所主。然其大本設卦以示象。由象以生爻。乃知此篇所載諸象。皆古來所傳。蓋古之所謂八索者。如鄭語曰。平八索以成人。註云。八體以應八卦。乾爲首。坤爲腹屬。可見耳。而孔子取以折衷。門人記焉者也。是故不通於雜象。則不啻不能爲象占。雖象爻辭。亦皆茫乎不得其意。且其雜象精粗美惡。泯合錯說。變化之妙。非聖人折衷。孰能如此哉。胡炳文曰。此章廣八卦之象。凡百十有二。其中有相對取象者。如乾爲天。坤爲地之類。是也。震爲決躁巽爲進退。爲不果。剛柔之性也。震巽獨以其究言。剛柔之始也。坎內剛外柔。水與月則內明外暗。離內柔外剛。火與日。則內暗外明。坎中實。故於人爲加憂。爲心病。爲耳痛。離中虛。故於人爲大腹。艮爲閽寺。爲指剛之止也。兌爲巫。爲口舌。柔之說也。有相反取象者。震爲大塗。反而艮則爲徑路。巽爲長。爲高。反而兌則爲毀折。長且高者。陽之上達。毀而折者。陰之上窮也。有相因取象者。乾爲馬。震得乾初。故於馬爲善鳴馵足作足的顙。坎得乾中。故於馬爲美脊亟心下首薄蹄曳也。善鳴似乾馬之良。美脊似乾馬之瘠也。作足者剛下而弱。薄蹄者柔下而弱也。坤爲大輿。坎爲輿。爲多眚。坤中虛而力能載。坎中滿而下无力也。巽爲朱。幹剛而根柔也。坎中剛。故於木爲堅多心。離中虛。故於木爲科上槁。震爲旉。乾爲木果。艮爲果蓏。有一卦之中自相因取象者。坎爲隱伏。因而爲盜。巽爲繩直。因而爲工。艮爲門闕。因而爲閽寺。兌爲口舌。因而爲巫。有不言而互見也。乾爲君。以見坤之爲臣。乾爲圜。以見坤之爲方。吝嗇者。陰之翕也。以見陽之闢。均者地之平也。以見天之高。爲文者。生於地雜而可見也。知其始於天者不可見矣。爲柄者。有形之可執也。乾之氣不可執矣。離爲乾卦。以見坎之爲濕。坎爲血卦。以見離之爲氣。巽爲臭。以見震之爲聲。三男三女。震爲長子。而坎艮不言者。尊嫡也。於剛之長者尊之也。兌少女爲妾。而巽離不言者。少女從娣爲娣。於柔之少者卑之也。乾爲馬。震坎得乾之剛皆言馬。而艮不言者。艮止也。止之性。非馬也。他可以觸類而通矣

序卦

此篇明設卦次序。自有條理。而不用對卦義。別發一意。託象垂教。亦記者所傳焉。夫有序卦而後卦序无錯亂矣。韓伯曰。序卦之所明。非易之緼也。孔穎達曰。六十四卦。二二相耦。非覆即變。覆者表裏視之。遂成兩卦。變者反覆唯成一卦。則變以對之。若專用序卦之意。則不應非覆即變。康伯所云。蓋不虛矣。韓孔之言。不爲无謂焉。至如程迥云序卦非聖人

之書。則失觀玩之活例也

有天地然後萬物生焉。盈天地之閒者唯萬物。故受之以屯。屯者盈也。屯者物之始生也。屯字。象中穿地始出未申。古本生也无也

物生必蒙。故受之以蒙。蒙者蒙也。物之穉也。物穉不可不養也。故受之以需。需者飲食之道也。飲食必有訟。故受之以訟。言出於公焉訟

訟必有衆起。故受之以師。師者衆也。衆必有所比。故受之以比。比有興王象。自屯建侯至比險濟胡炳文曰。乾坤而後屯

蒙需訟師比皆有坎險之一體。與師動衆。在其最險者也。胡庭芳曰。自屯至比三男卦。震艮各一用。坎獨六用者。亦見天地間水爲最多。猶人一身无非血脉之流轉也。比者比也。比必有所畜。故受之以小畜。物畜然後有禮。故受之以履。管子曰。倉廩實而知禮節。衣食足而知榮辱。履而泰然後安。故受之以泰。晁説之曰。鄭本无而泰二字。泰者通也。物不可以終通。故受之以否。馮椅曰。自乾坤之後始拔人事。經歷六坎。險阻備嘗。内有所畜。外有所履。然後致泰。而泰之後否即繼之。以此知斯人之生。立之難而喪之易。國家之興。成之難而敗之易。天下之治。致之難而亂之易。此又序易者深意。亦天地自然之理也。孝

成謂程朱以天地自然爲人道其本出自老莊任天之說非聖敎財成輔相之義也夫人之所設弗爲不立弗彊則壞

否之繼泰其戒深矣

物不可以終否故受之

以同人與人同者物必歸焉故受之以大有大者不可以盈故受之以謙有大而能謙必豫

自卑與入豫謙

故受之以豫豫必有隨故受之以隨

動而說

以喜隨人者必有事故受之以蠱蠱者事也

項安世曰事因壞而起故以蠱爲事之先

有事而後可大故受之以臨臨者大也

以剛臨柔有成大業之意

物大然後可觀

古本有也

故受之以觀可觀而後有所合故受之以噬嗑

嗑者合也（德業既大而可觀則衆歸合焉）物不可以苟合而已

故受之以賁（文之以禮樂）賁者飾也致飾然後亨則

盡矣故受之以剝（文勝則質喪故曰盡）剝者剝也物不可

以終盡剝窮上反下故受之以復復則不妄矣

故受之以无妄（動而健）有无妄然後可畜（古本有也）故

受之以大畜物畜然後可養（古本有也）故受之以頤

頤者養也（張軾曰畜然後可推以養人）不養則不可動（古本有也）

故受之以大過養宜過於厚物不可以終過故受之以坎古本坎上有習坎者陷也陷必有所麗故受之以離離者麗也朱熹曰一陷溺而不得出爲坎一附麗而得出爲離

有天地然後有萬物有萬物然後有男女有男女然後有夫婦有夫婦然後有父子有父子然後有君臣有君臣然後有上下有上下然後禮義有所錯有天地萬物人在其中則有男女有男女則有生育然无夫婦則有母子而无父子猶禽獸知母而不知父有聖人出成男女之別立夫婦之義而後有父子有父子而

後。君之子爲君。臣之子爲臣。人道由此而興焉。昏義曰。男女有別。而后夫婦有義。夫婦有義。而后父子有親。父子有親。而后君臣有正。郊特牲曰。男女有別。然後父子親。父子親然後義生。義生然後禮作。禮作然後萬物安。无別无義。禽獸之道也。然則夫婦人倫之始。故託咸卦明其義矣。荀子所謂易之咸見夫婦。夫婦之道不可不正也。君臣父子之本也。此之謂也。上經乾坤異卦。咸唯一卦應之。天地交而人道生之義。又有夫婦合體无別之象焉。孟子曰。夫婦有別。是本乎中庸五達道。以親義別序信。配屬五者。新陳言以成一時之辯。韓愈所祖。孟文之常耳。其實別者。男女之別也。夫婦也者合二姓好。以相敬相親。爲本。如曰合體同尊卑。敬以親之。及親迎親御。共牢合卺。偕老合葬之類。豈敢別者哉。故儀禮曰。父子首足也。夫妻胖合也。昆弟四體也。

但父子兄弟天也。夫妻人之所合。以義相親者也。聖人之教一天人。詩云。妻子好合。如鼓瑟琴。兄弟既翕。和樂且樂。親之至也。如曰夫妻相待如賓。亦謂相敬不傷其和耳。自孟軻有夫婦有別之言。荀卿亦言之。解詩者以別附會關雎。記禮者混男女夫婦而一之。祭統謂尸與夫人不相襲處。而曰明夫婦之別。是誤男女爲夫婦也。哀公問。亦有夫婦別文。依下文敬之至矣。則別敬之誤耳。說者或以爲。別謂各有配偶而不相亂。是則男女之別。而非夫婦之別也。朱氏載古靈陳襄之言於小學書曰。夫婦有恩。男女有別。字義甚明。而明倫篇以夫婦之別立目。踈矣。如不敢縣於夫之楎椸。似夫婦別。然是則謂敬而不褻。以正其禮也。故下文曰。少事長。賤事貴。咸如之。管子曰。古者未有君臣上下之別。及禮運父子篤。兄弟睦。夫婦和。家之肥也。措辭皆正。於

（孟皆。古本錯下有矣）夫婦之道不可以不久也故受之以恒恒者久也物不可以久居其所故受之以遯（胡庭芳曰。借恒之名。泛論物義）遯遯者退也物不可以終遯故受之以大壯（大壯則止）物不可以終壯故受之以晉晉者進也進必有所傷故受之以明夷夷者傷也傷於外者必反其家故受之以家人（古本其作於。足利本宋板皆同）家道窮必乖故受之以睽睽者乖也乖必有難故受之以蹇（古本有難間有所字）蹇蹇者難也物不可以終難故受之以解解者緩也緩必有所失故受之以損損而不已必益故受之以益益而不已必決故受之以夬夬者決也決必有所遇故受之以姤（有所遇古本无所字。足利本宋板同）姤者遇也物相遇而後聚故受之以萃萃者聚也聚而上者謂之升故受之以升升而不已必困故受之以困困乎上者必反下故受之以井井道（道路）不可不革（古本有也）故受之以革革物者莫若鼎故受之以鼎主器者莫若長子器與名不可假人。餘子主器。則長子不周。故曰大子奉冢祀社稷之粢盛故受之以震震者動也物不可以終動止之止之。行文。古本足利本作動必止之。疑註誤入本文故受之以艮艮者止也物不可以終止故受之以漸漸者進也進必有所歸故受之以歸妹晉進有傷。以才明進也。漸之進也有所因。所以爲有歸也得其所歸者必大故受之以豐豐者大也窮大者必失其居故受之以旅古本居作君旅而无所容故受之以巽巽者入也入而後說之故受之以兌兌者說也說而後散之故受之以渙渙者離也物不可以終離故受之以節節而信之故受之以中孚古本信上有後有其信者必行之故受之以小過有其信者恥其言而過其行有過物者必濟故受之以既濟物不可窮也故受之以未濟終焉

雜卦

六十四卦。皆兩兩相比。乃相受次第不止如序卦所言。故此篇又明其相比之義。較諸序卦。則義簡明。易翼至于此无遺蘊矣。卦序錯者。以韻故也。蓋釋彖釋爻。出自聖手。大象說卦魯之舊傳。繫辭文言成於門人。皆更夫子折衷者矣。是以純如也。但序卦爲恐其失卦序而述。故言其義者淺淺乎。至雜卦則古朴深淡。而有餘味。是必古來相傳者。亦足以終卷矣。龍仁夫曰。春秋傳所謂屯固比入。坤安震殺之屬。以一字斷卦義。往往古筮書多有之。雜卦此類是也。夫子存之。爲經羽翼。非創作也

乾剛坤柔 六十四卦。剛皆乾道。柔皆坤道。剛變而柔。柔變而剛。易道變化。乾剛坤柔。是其本也。故曰剛柔者立本者也

比樂師憂 比樂。大一統之樂也。師憂則其反也。湯誓曰。我后不恤我衆。舍我穡事。而割正夏。聖人之征。且衆憂之。況其他乎。令發之日。士卒坐

者涕霑襟。偃卧者涕交頤。其憂苦如此。其惟憂。故其樂可復。樂倚於憂。憂伏於樂。雜卦反對之義莫明焉。所以次乾坤也。

臨觀之義或與或求

以貴臨賤者。或與或求。觀亦有示與仰求之象。故連言二卦之義。

屯見而不失其居蒙雜而著

屯震動見坎險而磐桓志在行正。故不失其居。韓伯曰。蒙雜而未知所定也。求發其蒙。則終得所定著。定也。舉正曰。正文及註。稚字諸本皆誤作雜。

震起也艮止也損益盛衰之始也

益下者其終必盛。損下者其終必衰。

大畜時也无妄災也

不得時則不能成畜。不翅富畜然。如多識前言往行。亦非少壯勉強。則老大徒傷悲。故戒之以大畜時也。无妄或有慮外之災。蓋无妄天道也。有无妄之福。又有无妄之禍。人道不貴无妄。凡事皆成於期望。故勉之以无妄災也。萃聚而升不來也萃則來歸升則往進著而字者。二卦義相連也。謙輕而豫怠也謙豫皆善道也。是言其蔽。謙不自重故輕。豫不直發故怠。欲立威安衆者不妄謙。如湯武誓師。孔子曰匡人其如予何。蓋有此意。兵法所謂三軍之災猶豫最大者。豫怠之戒也。噬嗑食也賁无色也色。謂服色。不賁上下无別。兌見而巽伏也兌柔外見巽柔內伏隨无故也蠱則飭也无故。可以隨時制便宜。无當踐典故也。敗則飭整之。必有事焉。剝爛也復反也剛爛于上。則反于下。晉晝也明夷誅也文明如日之升。故曰晝。殘害賢良。故曰誅。誅傷也。代醉篇以誅為昧字誤。非是。井通而困相遇也朱熹曰剛柔相遇而剛見揜也咸速也恒久也事莫速於咸又莫久於恒渙離也節止也解緩也蹇難也睽外也家人內也外者事之末也唐虞之世猶有三苗禹乃班師外之也欲治邦家者先齊其家內之也否泰反其類也大壯則止遯則退也大壯非禮弗履故曰止止則不去退則不留代醉篇以止爲上字誤亦恐非大有衆也同人親也革去故也鼎取新也小過過也中孚信也過而有可者豐多故也親寡旅也朱本故下无也項安世曰旅獨卦名在下者取韻協也離上而坎下也火上水下小畜寡也

履不處也寡故畜積。不處故履行需不進也訟不親也大過顛也徐幾曰。本末弱故顛姤遇也柔遇剛也漸女歸待男行也長女配少男。待之久。長而後行。且否之三四易居。剛來柔往。厚別親迎皆有禮也頤養正也既濟定也剛柔得位歸妹女之終也歸妹以娣不能備禮。而内无怨女。乃女之終也未濟男之窮也三剛失位夬決也剛決柔也君子道長小人道憂也胡庭芳曰。夬決一柔。則爲純乾。故曰君子道長小人道憂也。鄭玄曰。大過以下。卦旨不協。似錯亂失正。弗敢改耳。朱熹曰。以韻協之。又似非誤。未詳何義。蔡淵曰。雜卦例皆反對。協韻爲序。今以其例改正。大過顛也。頤養正也。既濟定也。未濟男之窮也。歸妹女之終也。漸女歸待男行也。姤遇也。柔遇剛也。夬決也。剛決柔也。君子道長。小人道憂也。胡炳文曰。自乾坤至困三十卦。與上經之數相當。而雜下經十二卦於其內。自咸至夬三十四卦。與下經之數相當。而雜上經十二卦於其中。此交易之義也。坎離交之中者。本居上經。今附於下三十四卦。震艮巽兌交之偏者。本居下經。今附於上三十卦。至若无反對者。上經六卦。下經二卦。今附於上者二卦。附於下者六卦。皆交易之義也。

二經四千九百三十四言

十翼一萬五千三十四言

經翼通計一萬九千九百六十五言

新疏通計十二萬三千

周易新疏卷八終

范婁
加藤世篤 同校

周易新疏別錄上

略論

正義曰變化運行在陰陽二氣故聖人初畫八卦設剛柔兩畫象二氣也布以三位象三才也謂之爲易取變化之義

生卦之方先設剛柔二畫而象陰陽積爲三剛三柔各象三才名之曰乾坤以乾坤爲卦之父母生震巽坎離艮兌六子卦是八卦也

因而重之爲六十四卦

乾一	☰	天	父
坤二	☷	地	母
震三	☳	雷	長男
巽四	☴	風	長女
坎五	☵	水	中男
離六	☲	火	中女
艮七	☶	山	少男

乾坤先立而後交索坤得乾初爲震乾得坤初爲巽坤得乾中爲坎乾得坤中爲離坤得乾上爲艮乾得坤上爲兌譬之有天地而後生雷風水火山澤有父母而後生六子且乾先往而坤後來禮曰男子親迎男先於女

兌八 ☱ 澤 少女 剛柔之義也天先於地君先於臣其義一也此之謂也朱熹作加倍圖別爲卦序豈本義哉說在說卦

八悔一貞餘卦倣此

乾上	乾下	䷀	乾
坤上	乾下	䷊	泰
震上	乾下	䷡	大壯
巽上	乾下	䷈	小畜

洪範及左傳內卦爲貞外卦爲悔所謂因而重之者一貞八悔八貞而六十四卦成故周禮曰經卦八別六十四

坎上乾下	離上乾下	艮上乾下	兌上乾下
䷄ 需	䷍ 大有	䷙ 大畜	䷪ 夬

以一卦而言則下卦爲貞上卦爲悔

悔貞 ䷑ 蠱 山風

左傳曰蠱之貞風其悔山

以變卦而言則本卦爲貞之卦爲悔

䷂ 屯　䷏ 豫

晉語曰貞屯悔豫初與四五變

八卦方位

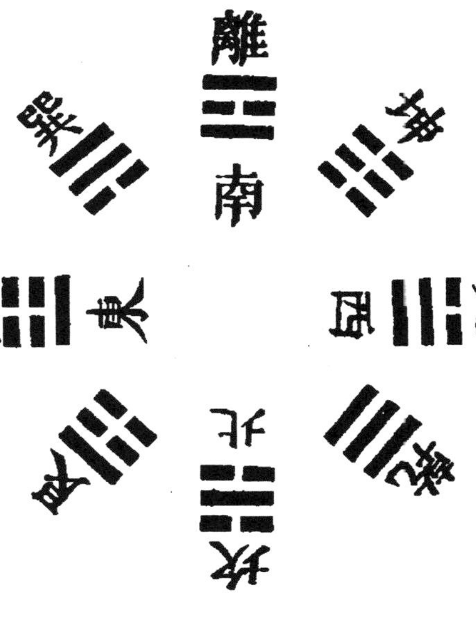

古帝設此方位因以建天之暦數八卦二十四畫分布方隅爲二十四氣之節

十二卦配月

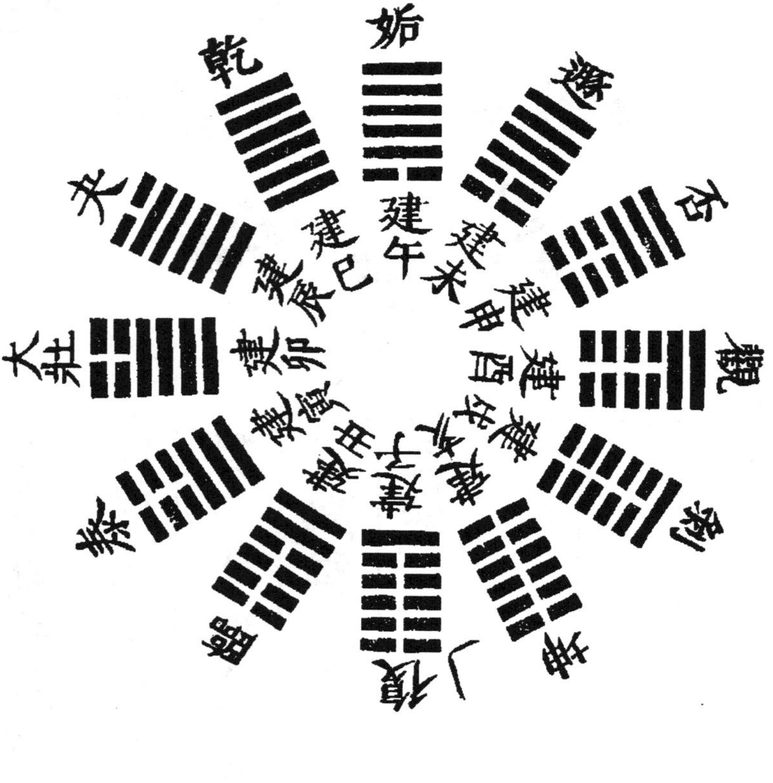

周以北斗初昏建子之月爲歲首以復卦一剛來復有陽氣始起於地下之象配以當之陽氣始于此故謂之天正殷建丑爲歲首以臨卦剛浸長有陽施將及物之象謂之地正夏建寅爲歲首以泰卦有天地交萬物通之象謂之人正泰有人象亦在其中矣周以子丑寅爲春殷以丑寅卯爲春夏以寅卯辰爲春三時皆以順序之孟子曰秋陽以暴乃夏

之夏曰也又曰七八月之間旱則苗槁乃夏五六月也左傳昭公十七年梓愼曰火出於夏爲三月於商爲四月於周爲五月夏數得天孔子取夏時故漢而後皆行夏時而不改也蓋三正迭用其來尚矣故夏書有怠棄三正之文如曰三代改正而不改時非是

曆數王者御天大本相傳黃帝作甲子或曰顓頊作曆經无明文无所考信矣三皇雖貌

焉而既王天下設令无曆乎何以能範圍天
地之化而通神明之德哉且夫曆出乎八卦
蓋亦自伏羲始觀於堯始置閏則堯以前表
氣節而成歲可知矣表節者氣之正也表月
者觀之著也夫天道冥冥不可得而測焉凡
人可觀者日月星辰而已寒暑隨日潮汐應
月氣節定星朔望交食皆徵諸曆而天可信
矣聖人作曆範圍氣化流行建以爲道之大

原是曆象之所以發書百篇端也至殷周革命亦皆改正朔以與天下更始受曆頒朔以證服不服文物度數莫不本乎此者焉其於易也統天御天天行健觀乎天文以察時變先天而天弗違及屈信闔闢之類皆是物也而王者之所執也故堯曰咨爾舜天之曆數在爾躬三代曆書亡矣蓋人相授受漢初所傳皆曰周天三百六十五度四分度之一刻

宿體之左旋日月皆右行日日行一度則一
朞三百六十五日四分日之一月日行十三
度十九分度之七與日相去十二度十九分
度之七則二十九日九百四十分日之四百
九十九而追及於日歲十二月三百六十日
除小月六日則三百五十四日大歲三百六
十五日三時小歲三百五十四日大歲有氣
盈小歲有朔虛積爲閏約三十二月而一閏

至十九年七閏是爲一章此其大略也今考之易曆數出于參天兩地及八卦方位日爲大陽其數九月爲大陰其數六星七方八陰陽少數也夫陽形圓圓者徑一圍三行三三十故三十日而日月會三三而九故九十日爲一時乃參天數也夫陰形方方者合二隅二六而十二故一歲十二月乃兩地數也參兩爲五分而立十幹二六爲枝而定十二辰

又八卦二十四畫分位方隅有八風二十四氣之象合以成四時十二節四七而表二十八宿矣至兩三畫而成六畫則自一剛復建子之節更臨泰壯夬以終六剛乾建巳之節又自一柔姤建午之節更遯否觀剝以盡六柔坤建亥之節亦二三六二六十二參兩錯綜運行之象自然之數也天地之紀也蓋其法以節爲主莫有氣盈朔虛焉堯始以月爲

主乃有氣盈朔虛不置閏則時不定歲不成
故曰以閏月定四時成歲其法如煩然月之
明晦愚夫愚婦所能見也取諸授時之宜故
曰允釐百工且交錯成文之道存焉禮樂之
所以興也方今月曆施于宇內身毒之曆四
時之外有三時六時之異亦以月表之所謂
須彌者亦似蓋天无足怪者矣而西洋尚有
用節曆之地云蓋古曆流傳之遺耳

正義曰繫辭云八卦成列象在其中矣因而重之爻在其中矣重卦之人諸儒不同凡有四說王輔嗣等以爲伏羲重卦鄭玄之徒以爲神農重卦（因繼伏羲氏興）孫盛以爲夏禹重卦（因洛出書之事）史遷等以爲文王重卦（因易興於中古）其言夏禹及文王重卦者繫辭神農之時已有蓋取益與噬嗑以此論之不攻自破其言神農重卦亦未爲得周禮小史掌三皇五帝之書明三皇已有書也下繫

云上古結繩而治後世聖人易之以書契蓋取諸夬伏羲有書契則有夬卦矣故孔安國書序云古者伏羲氏之王天下也始畫八卦造書契以代結繩之政明伏羲已重卦矣

吳澂曰伏羲之易有畫而已三畫之卦雖有名而六畫之卦未有名文王始名六畫而繫之以辭故不云述而云作夫卦本无定體苟使无名乎何以得用諸事哉聖人因其大象

命之名教由以立焉易之所以无辭而行爲
其有名也雖然既名焉亦有所拘夫卦名譬
如人之謚文王豈无武而武王豈无文哉　元
象者不泥其名而可矣
正義曰周禮太卜三易云一曰連山二曰歸藏
三曰周易杜子春云連山伏羲歸藏黃帝鄭玄
易贊及易論云夏曰連山殷曰歸藏周曰周易
鄭玄又釋云連山者象山之出雲連連不絕歸

藏者萬物莫不歸藏於其中周易者言易道周普无所不備鄭玄雖有此釋更无所據之文按世譜等羣書神農一曰連山氏亦曰列山氏黃帝一曰歸藏氏既連山歸藏竝是代號則周易稱周取岐陽地名

相傳連山首艮歸藏首坤不知何據夫艮爲山坤爲地其以首艮謂之連山以首坤謂之歸藏邪將因連山歸藏字義附會首艮首坤

之言邪今皆不可考焉耳以連山歸藏爲代號者所不他見也周易之取代名也周禮周官可例已

正義曰周易繫辭凡有二説一説象辭爻辭並是文王所作繫辭云易之興也其於中古乎作易者其有憂患乎又云易之興也其當殷之末世周之盛德邪當文王與紂之事邪故史遷云文王囚而演易鄭學之徒並依此説也二以爲

驗爻辭多是文王後事升卦王用亨于岐山明
夷箕子之明夷既濟東鄰殺牛不如西鄰之禴
祭又左傳韓宣子適魯見易象云吾乃知周公
之德驗此諸文以爲彖辭文王爻辭周公馬融
陸績等竝同此說今依而用之但易緯等數所
歷三聖云伏羲文王孔子不及周公者以父統
子業故也

東涯先生曰正義此說蓋始見於荀子而司

馬遷成之言彖辭爻辭異作者自後漢儒始然當殷之末世周之盛德邪當文王與紂之事邪於中古乎有憂患乎衰世之意邪皆疑辭也可見當大傳之時不可知誰所作也且曰當文王與紂之事邪則是別人所作而鄭學之徒引此爲文王所作之證尤所不曉孝成按大傳言聖人繫辭者不一而已夫在殷周之際以聖人稱焉者非文武周公而誰也

東涯不以大傳爲説則已既以大傳爲説其謂之何其設疑辭者文其言也其曰當文王與紂之事邪者假此論吉凶存亾之道也奚與於作不作哉正義載之但見其時耳且夫曰文王作易豈必皆自執筆屬辭之謂乎孔子不試退脩六經尚或門人記述之況王公之舉意者有贊成之者矣蓋本之屬諸文王焉而文王之業成於周公故爻辭屬諸周公

耳

正義曰乾坤者陰陽之本始萬物之祖宗故爲上篇之始也離爲日坎爲月日月之道陰陽之經所以始終萬物故以坎離爲上篇之終也咸恒者男女之始夫婦之道也人倫之興必繇夫婦所以奉承祖宗爲天地之主故爲下篇之始也既濟未濟爲最終者所以明戒愼而全王道也乃文王所定也

呂祖謙曰繫辭云二篇之策萬有一千五百二十所謂二篇則上下二篇也然則孔子時易固分上下經矣以此考之易經之分上下必始於文王定周易之時（此言本於成卦孔疏）

或問上經三十卦下經三十四卦多寡不均何也朱氏曰卦有正對有反對乾坤坎離頤大過中孚小過正對也反覆觀之止成八卦其餘五十六卦反對也反覆觀之共二十八

卦以正對卦合反對卦觀之總而爲三十六卦其在上經正對卦凡六乾坤坎離頤大過是也自屯蒙而下二十四卦反之則爲十二以十二而加六則十八也其在下經正對卦凡二中孚小過是也自咸恒而下三十二卦反之則爲十六以十六而加二亦十八也其多寡之數則未嘗不均也

上經

下經

乾 ䷀　恒 ䷞ 咸

坤 ䷁　大壯 ䷠ 遯

蒙 ䷂ 屯　明夷 ䷢ 晉

訟 ䷄ 需　睽 ䷤ 家人

比 ䷆ 師　解 ䷦ 蹇

履 ䷈ 小畜　益 ䷨ 損

否 ䷊ 泰　姤 ䷪ 夬

大有 ䷌ 同人　升 ䷬ 萃

豫 ䷎ 謙　井 ䷮ 困

蠱 隨 鼎 革
觀 臨 艮 震
賁 噬嗑 歸妹 漸
復 剝 旅 豐
大畜 无妄 兑 巽
頤 節 渙
大過 中孚
坎 小過
離 未濟 既濟

右上經十八下經十八合三十六舍六六之數反顛之則爲八八六十四卦老少陰數具焉卦德之所以方知也而象取義於對卦至爲明白對卦之義雜卦有明文

胡庭芳曰上下經共用十八卦有十八變而成卦之象乾奇其畫六坤偶其數十二合之亦十八夫乾坤爲六十四卦之祖不易之論也然分二經則乾坤爲上經之主故八卦各

體散見於上經者乾坤最多咸恒爲下經之首艮兌巽震是也故八卦谷體散見於下經者兌巽最多上經自坎離外无一卦无乾坤下經自既未濟外亦无一卦无艮兌巽震上經乾坤之變否泰隨蠱三剛三柔雜居也噬嗑賁三剛三柔分布也下經咸恒之變損益猶上經之有否泰也漸歸妹咸恒之再變猶上經之有隨蠱也中孚小過咸恒之三變亦

猶上經之有噬嗑賁也然亦不欲使上下經截然爲乾坤截然爲艮兌巽震故上經有艮兌巽震下經有乾坤雖不盡有主卦之正體而亦有互體以此求之庶乎可以竊窺文王之心而閒關節脉理之通默而識之又存乎其人焉

李過曰上篇首天地之正故以水火之正終焉下篇首夫婦之交故以水火之交終焉

李舜臣曰於頤大過之后以坎離蓋以剛柔中而救大過之弊也於中孚小過之後以既未濟亦以剛柔之交而中者救小過之弊也

正義曰十翼之辭以爲孔子所作先儒更无異論但數十翼亦有多家文王易經本分爲上下二篇則區域各別彖象釋卦亦當隨經而分故一家數十翼云上彖一下彖二上象三下象四上繫五下繫六文言七說卦八序卦九雜卦十

鄭玄之徒並同此說今亦依之

歐陽修曰繫辭者漢初謂之大傳也至後漢已爲繫辭矣胡庭芳曰太史公引天下同歸而殊途一致而百慮爲易大傳蓋太史公受易楊何何之屬自著易傳行世故稱孔子所傳者曰大傳以別之耳孝成按史記又稱序易彖繫象說卦文言則繫辭篇名非起於後漢也明矣永叔失考已

歐陽氏又曰繫辭而下非聖人之作稱子曰者當時講師之言以子稱之也左傳襄公九年載穆姜論隨四德與文言四德同後十五年而孔子始生四德非乾之德文言不爲孔子之言矣乾元者始而亨者也利貞者性情也則又非四德矣謂此二說出於一人乎則殆非人情也尚不可以爲一人之說其可以爲聖人之作乎孝成謂歐陽之言失得相半

謂繫辭以下非孔子手筆則得之謂非聖人書則失之矣論語禮記等書非孔子所作謂之非聖人書而可哉至曰四德非乾之德文言非出於一手則失易之活例也陸象山亦疑繫辭非孔子作左傳後序曰汲冢周易上下篇與今正同而无彖象文言繫辭學蔀通辨終編曰楊慈湖遺書於繫辭形而上下等語皆以為支離害道伊藤父子因此等說遂

疑卦畫辭非文周之作十翼皆非孔子之作

卦畫辭說見上十翼說在下文

東涯易說曰彖象文言專明義理而無一言涉乎卜筮者至於繫辭說卦則雖稍說義理而專主卜筮可見古說易者有卜筮義理二家而十翼中二說相錯乃知十翼不唯非孔子所著亦非必出于一人之手也又曰彖象二家同說義理而亦自不屬彖之解卦吉凶

相間至於大象則推之人事教以善道則知彖象亦非出一手也說卦雜卦其言蕪雜猥瑣乾爲馬坤爲牛以下皆後世巫史卜祝之所言大非聖人之言也而概爲孔子之所作可乎哉孝成謂東涯之說雖辨矣知一而未知二一者也夫易之爲道屢遷故彖自彖象自象繫辭文言說卦序卦雜卦亦皆各異其趣所謂不可爲典要者也或高或卑或遠或邇

純粹猥雜細大不遺易之所以爲易也且易
用之卜筮无爲馬爲牛以下雜象則何以象
占之爲哉彖象文言何唯義理而卜筮亦何
害乎義理詩本民謠書本史記取以立教則
爲義之府也卜筮以定吉凶吉凶生大業大
極非邪且孔子贊易豈以臆造言者哉必皆
古來所傳矣而成其編者亦或門人贊述之
不啻易翼所謂刪詩記禮者皆然觀於日至

作春秋游夏不能贊一辭可見已故子貢曰子如不言則小子何述焉故曰易有卜筮義理二家可曰十翼非必出于一人之手可然均之皆歷孔子施於後世故十翼屬孔子更无異論

漢書藝文志曰易經十二篇顏師古曰上下經及十翼故十二篇

漢初費直以彖象釋經加一傳字附於卦後

及王弼唯乾一卦仍費氏之舊而坤以下分彖象附卦辭畫辭下又增入文言加彖曰象曰文言曰以別於經程頤因以作傳是爲今易至晁說之始正其失經翼殊卷卦畫一彖二象三文言四繫辭五說卦六序卦七雜卦八呂祖謙更定爲經二篇翼十篇篇次因孔穎達所論乃復古易朱熹從之但朱本十翼著傳字非古也傳者謂記所傳則十翼蓋亦傳也故史遷輩稱十翼以大傳以

別他傳然未聞稱彖傳象傳繫辭傳者且繫
辭以下傳字不成義矣
自魯商瞿受易孔子以授魯橋庇庇授江東馯
臂臂授燕周醜醜授東武孫虞虞授齊田何及
秦禁學易爲卜筮書獨不禁故傳授者不絕也
漢興田何以齊田徙杜陵號杜田生授東武王
同雒陽王孫丁寬齊服生皆著易傳數篇要言
易者本之田何

丁寬讀易精敏爲梁孝王將軍距吳楚號丁將軍寬授同郡碭田王孫王孫授施讎孟喜梁丘賀繇是易有施孟梁丘之學又京房受易焦延壽延壽云嘗從孟喜問易房以明災異得幸繇是易有京氏之學後漢四家竝立而傳者衆
費直字長翁東萊人治易長於卦筮亡章句徒以彖象繫辭十篇之言解說上下經行於民間而未得立後漢陳元鄭衆皆傳費氏之學馬融

鄭玄王肅王弼竝爲之註古易始變於費氏卒大亂於王弼說見前
唐孔穎達奉詔撰正義一依王弼至宋濂溪周
氏作太極圖說易通河南二程師之叔子乃著
易傳專主義理朱考亭述本義而復之卜筮雖
各有失得易學於斯大行明帝勅作大全合刻
傳義意趣所異紛致難曉我
邦山崎先生分刻傳義使程朱說各得其所如
伊荻二先生其學識實卓出乎漢唐宋明之表

然於易其所見无異于前儒伊藤氏學論孟之外用力於易東涯紹父業著讀易私說周易經翼通解大意從程傳雜以歐陽妄見遂至曰經翼皆非聖作可謂无忌憚甚矣哉荻生則信商瞿之傳綿綿乎漢左祖朱義其所異者不取理氣體用等說耳其門人太宰純務駁朱易要皆腐論无足論焉者至筮法則爲无可議者亦未能辨掛扐字義疎也

朱註說卦引九家易集解九家謂荀爽京房馬融鄭玄宋衷虞翻陸績姚信翟子玄不可知何人所集稱荀九家者以居其首故也東涯曰文中子云九師興而易道微註云淮南王聘九師明易道撰道訓號九師易此事本見劉向別錄玉海引之與九家易異

朱考亭曰易之有象其取之有所從其推之有所用非苟爲寓言也然兩漢諸儒必欲究其所

從則既滯泥而不通王弼以來直欲推其所用
則又䟽略而无據二者皆失之一偏而不能闕
其所疑之過也且以一端論之乾之爲馬坤之
爲牛說卦有明文矣馬之爲健牛之爲順在物
有常理矣若屯之有馬而无乾離之有牛而无
坤乾之六龍則或疑於震坤之牝馬則當反爲
乾是皆有不可曉者是以漢儒求之說卦而不
得則遂相與創爲互體變卦五行納甲飛伏之

法參互以求而幸其偶合其說雖詳然其不可通者終不可通其可通者又皆傅會穿鑿而非有自然之勢雖其一二之適然而无待於巧說者爲若可信然上无所關於義理之本源下无所資於人事之訓戒則何必苦心極力以求於此而欲必得之哉王弼曰義苟應健何必乾乃爲馬爻苟合順何必坤乃爲牛而程子亦曰理无形也故假象以顯義此其所以破先儒膠固

支離之失而開後學玩辭玩占之方則至矣然
觀其意又似直以易之取象无復有所自來但
如詩之比興孟子之譬喩而已如此則是說卦
之作爲无所與於易而近取諸身遠取諸物者
剩語矣故疑其說亦若有未盡者因竊論之以
爲易之取象固必有所自來而其爲說必已具
於大卜之官顧今不可復考則姑闕之直據辭
中之象以求象中之意使足以爲訓戒而決吉

凶如王氏程子與吾本義之云者其亦可矣
此論易象不鑿不忽似穩當矣然不得於象
則辭不可得而玩焉不得於變則占不可得
而玩焉故曰觀其象而玩其辭觀其變而玩
其占且易者象也其變也者亦象之變耳不
求象之所自來而曰具於大卜官今不可考
則是十翼不足以明易也屯馬因震坎說卦
有之離牛說卦雖不言然外剛內柔其象甚

明且説卦有不言之象乾爲君不言坤之爲臣之類可見坎離相反坎有馬象乃離之爲牛亦曷疑矣震之爲龍取一剛動乾龍亦以畫言故有羣龍六龍之文而坤上變剛亦言龍焉坤牝馬對於乾良馬乾牡而坤牝凡此類象之至易見者而謂之不可曉則其所曉果何事也考亭嘗有言一生精力在大學啓蒙今見啓蒙其言與易背馳余別有辨焉此

舉其略孔安國以八卦爲河圖九疇爲洛書易本有卦而无辭故謂之圖九疇則以文字傳故謂之書非八卦之外別有河圖九疇之外別有洛書也考亭不深考爲信關朗之言眩乎陳摶邵雍之圖以蓍數所由五十有五爲河圖鑿空造言乃爲序例冠諸經首以爲八卦皆自此出又不依乾坤震巽坎離艮兌次第而更立加一倍之說圖一圓相以爲大

極以乾兌離震巽坎艮坤爲卦序方圓六十四卦之類於易何所用在古何所據不奉聖人之教以玩辭於卦象而妄欲探伏羲畫卦之本源豈非不恭之甚哉大極雖易有之如韓伯所謂无稱之稱惇頤所謂无極而大極皆矯辭從己意見者也如五行納甲飛伏固於易无所見焉互體變卦易之所以爲易也左氏可證矣要之兩漢以來說易者混陰陽

剛柔九六爻畫之名不知爻之言乎變是以

言象者滯泥不通所以致紊亂也

朱氏又曰上古之時民心昧然不知吉凶所在
故聖人作易教之卜筮吉則行之凶則避之初
但有占而无文至孔子又恐人不知其所以然
故又復逐爻解之謂此爻所以吉者以中正也
此爻所以凶者不當位也明言之使人易曉爾
至如文言之類却又就上面發明道理非是聖

人本意知此方可學易

夫人之知有及焉有不及焉不知吉凶之所在登翅昧民哉聖人之教盡力於其所及而其所不及者俟天與祖宗之命畏天敬鬼神之至也是故將有爲也將有行也必質諸鬼神而不敢自專矣卜筮所以傳鬼神之命也故蓍龜藏之於廟庶人无廟不藏蓍龜就卜筮者問之詩曰握粟出卜是其事也後世乃

有責卜朱氏疎於禮其所爲筮儀不言用諸
廟遺其大本矣至曰民心昧然教之卜筮則
握粟出卜之類微乎微也如禹曰枚卜功臣
洪範五謀卜筮居其二詩曰考卜維王宅是
鎬京之屬聖人所以決大疑於卜筮者不遑
數道也伏羲作卜筮蓋亦此意耳故曰通神
明之德孔子解之亦明天祐吉利神之所福
在德行耳如文言則言者尚辭之事耳

朱氏又曰上古之易利用厚生周易始有正德
黄帝堯舜垂衣裳天下治蓋取諸乾坤豈非
正德之事乎辭有利不利豈非利用厚生之
事乎是故三事闕其一則非聖人易也
朱氏又曰易本卜筮之書後人以爲止於卜筮
至王弼用老莊解後人便只以爲理而不以爲
卜筮又曰卦畫之辭本爲卜筮者斷吉凶而具
訓戒至彖象文言之作始因其吉凶訓戒之意

而推說其義理以明之後人但見孔子所說義而不復推本文王周公之本意因鄙卜筮以爲不足言而其所以言者遂遠於日用之實類皆牽合委曲偏主一事而言无復包含該貫曲暢旁通之妙若但如此則聖人當時自可別作一書明言義理詔後世何用假託卦象爲此艱深隱晦之辭乎又曰孔子之易非文王之易文王之易非伏羲之易伊川易傳自是程氏之易也

故學者且依古易次第先讀本文則見本旨矣
此皆朱氏得意之言也然似有未盡者矣夫
卦畫之辭教之物也徂來所謂聖人之教皆
立其物不言其義使人思而得之者是矣思
而得之者深雖然天下之人愚與不肖亦夥
哉奚以能使皆知其義乎唯從其物其要无
咎孔子之志在貽後世致遠愈久或失其義
故言而明之亦唯一隅三反教之術也故曰

予欲无言豈曰孔子釋經非文周之易而可哉若夫義畫其說甚長近者有人寄書問者余乃摘分疏鄙註者答之附記于此其略曰繫辭曰易有聖人之道四焉以言者尚辭以動者尚變以制器者尚象以卜筮者尚占是辭變象占四者其用各異然其大原皆本之陰陽變化故謂之變易變則象生故曰易者象也因其象則可用之文物度數以制禮器

可用以占決疑事而合歸之云爲故曰天地
設位而易行乎其中矣成性存存道義之門
此變象占三者之爲用也豈有待於辭哉蓋
雖上古天地自若唯有王而无聖如今之遠
夷无文之地葬者以薪不封不樹火葬水葬
何別焉伏羲爲王前无所因俯仰天地取於
身取於物始作八卦以綱天下三極之道立
焉後聖因以有所作棺槨宮室耒耜臼杵之

屬書契曆數軍旅之事婚姻嘉會祭祀之義皆自八卦出黃帝制官服取諸乾坤衣裳之治始矣樂取諸豫六樂亦首黃帝歷顓頊帝嚳而後堯舜氏作賛古觀象禮樂成焉夏承數之殷因夏周因殷仲尼述而不作亦皆發原於八卦而藍青氷寒郁郁文也則伏羲畫卦豈惟爲占哉一卦變爲六十四卦六十四卦之變有四千九十六萬象以生猶且觸類

而長而後天下能事畢矣此豈言語文字之所能盡哉辭雖出自聖手豈能盡象變占哉朱熹暗乎占法以爲辭爲占繫焉其言曰一畫變取變爻辭猶之可也至二畫變以上而窮矣占何拘於辭乎故左氏載筮事皆象占而已或取諸之卦或取諸互體固无典要偶引辭者亦或稱周易以別之矣是則辭之所以異用也故文王彖焉不爲不足周公爻焉

不爲有餘孔子翼焉彖象繫文言說序雜卦
譬如峯峯嶺嶺各殊其看而後易道可以窺
耳故曰易之興也其當殷之末世周之盛德
邪當文王與紂之事邪是故其辭危危者使
平易者使傾其道甚大百物不廢懼以終始
其要无咎此之謂易之道也由是觀之易辭
興於周與詩書竝爲世教不啻以卜筮也彰
彰乎明哉夫易爲萬教原固也而其大者遠

著皆藏於禮樂獨筮占爲民用屬之卜官亦卑卑焉耳雖然聖人以此洗心退藏於密吉凶與民同患神德行之道莫大焉蓋當紂之時殷禮衰矣文王未王不能制作因易示陰陽消長之幾占事雖衰世人之所不廢因以明失得之報繫吉凶利不利之辭以鼓舞民行仁之至也故曰作易者其有憂患乎又曰衰世之意邪孔子恒言詩書禮樂既而曰欲

載諸空言不如見諸行事之親切著明也春秋於是乎作若夫晚而好易蓋亦衰世之意焉爾乎然則禮樂行而易隱禮樂衰而易興亦猶詩亡然後春秋作邪故曰顯諸仁藏諸用是故在禮樂壞之世易教最切於人矣以言乎高制作之原可窺焉以言乎卑百姓日用備焉故曰易之爲書也不可遠又曰明憂患與故无有師保如臨父母易爲卜筮免秦

火漢儒專門淵原乎商瞿受易孔子亦皆卜筮而已非易全美者也不然四科之徒其謂之何因竊謂孔門深於易宜莫顏子若焉高堅前後之歎卓立之見固非尋常形器之談也故繫辭以復初之吉稱之象以文王箕子釋明夷以湯武釋革自餘无稱人者而特曰顏氏之子其殆庶幾乎是其德行與聖者配可知矣復初仁之事也天地之心也夫子告

顏子以四代禮樂非達天德知化裁之原者其孰能與於此哉次之者子貢性與天道之言唯易有之若夫一貫參賜之所與聞亦貞夫一之義也故語易以卜筮爲本義者與遺卜筮者皆非矣

或曰徂來云禮君前臣名其於父與師亦然解經諸儒具其姓名禮當然也功罪有歸謬誤可考義當然也今不從者何也曰解經非訟義於

聖人也遺訓於後人耳奚必名先儒哉如曰子謂子貢曰女與回也孰愈對曰賜也何敢望回稱子貢者遺於後人之辭稱賜回者對於孔子之辭一字一名稱呼各有當矣且曰功罪有歸者亦謂物勒工名功不當行其罪之比乎大非文雅意故至我東涯徂來等不敢名也何註論語上魏主書名先儒者固其所也鄭註周禮有鄭司農杜子春則知漢儒亦不必名矣

或曰洪範及左氏春秋内卦爲貞外卦爲悔其

以貞悔爲言者何謂也曰貞悔也者易之所以爲教之要也凡天下之事吉凶爲倚伏利害相生如循環之无端吉而變其德則不能以永保其利唯貞以不變其德而後其利可以全矣雖然物久必過過則害生吝且凶於是乎悔而善補過亦可以復夫吉矣故易之爲道雖不可爲典要而所以自天祐之吉无不利者貞悔以蔽之重卦之方各因一卦以八卦重之内不變而

外變譬如天地之貞觀也四時變化而其道成
譬如日月之貞明也出入盈虛而能久照乃名
以貞悔以示不變德於內而改行於外之義本
卦爲貞之卦爲悔亦此意也或曰先儒之說貞
也有如子之言者未聞以悔爲易教之要者子
之言有所瞽乎曰然論語有之曰加我數年五
十以學易可以無大過矣語震无咎者存乎悔
也可見凡易教雖大而自悔始亦以弗畔焉耳行

遠必自邇登高必自卑唯悔可以喻愚夫愚婦
唯悔可以通神明之德先儒不晰无咎乎悔之
義是以不啻失解於易而已於論語語易者亦
皆茫乎不得其意太至依史遷之言以無大過
爲孔子於易無大謬使人難學易大失勸學之
旨矣蓋孔子意謂過也者人之所不能无焉改
之爲貴而過之難改少壯最甚比至五十學易
而研吉凶消長之幾早悔其非庶不至大過孔

子以此自道故曰加我數年亦以勸人也夫老成人且不學易則不能无大過而況少壯人乎故曰易之爲書也不可遠又曰其道甚大百物不廢懼以終始其要无咎此之謂易之道也易之不可以不學如此而貞悔其至矣哉

周易新疏別錄上

周易新疏別錄下

筮占

一繫辭曰凡天地之數五十有五此所以成變化而行鬼神也語因天地之數而立筮法傳鬼神之命也又曰大衍之數五十其用四十有九說者以大衍五十爲蓍五十莖遂爲其一不用又諸櫝中以象大極等說无稽之言今弗取焉蓍用少陽數七七四十九耳繫辭

周易新疏　別録下　二

註釋之詳矣又觀變於陰陽而立卦法有重交單折之名見周禮疏朱氏筮儀載圖老陽爲□所謂重也老陰爲×所謂交也少陽爲⚊所謂單也少陰爲⚋所謂折也釋之者曰□者奇之欲分中已虚而未離乎二也二則折矣×者偶之欲合中已實而未純乎一也一則單矣今按□×於經无所見本出於卜筮家伎倆若以便言之每三變直書九六七

八乃十八變畢而立卦値九六則竝立本卦之卦亦可然此等事及扐于中指之間扐于无名指間之類皆瑣瑣末儀置而不論焉但用筮於廟禰行者聖人立卜筮之大本故録禮筮祭日一事於左以明其儀矣

少牢饋食之禮 禮將祭祀必先擇牲繫于牢而芻之羊豕曰少牢諸侯之卿大夫祭宗廟之牲 日用丁巳 內事用柔日必丁巳者取其令名自丁寧自變改甲丙戊庚壬爲剛日乙丁己辛癸爲柔日 筮旬有一日 旬十日也言先月下旬之巳筮

來月上旬之巳筮於廟門之外主人朝服西面于門東史朝服左執筮右抽上韇兼與筮執之東面受命于主人主人曰孝孫某來日丁亥用薦歲事于皇祖伯某以某妃配某氏尚饗丁未必亥也直舉一日以言之耳史曰諾西面于門西抽下韇左執筮右兼執韇以擊筮將問吉凶焉故擊以動其神孝成謂既受命于主人退旋西面于門西上文云右抽上韇兼與筮執之是右手兼執筮韇今左手執筮則二韇在右手乃以韇擊筮也不曰蓍而曰筮者蓍神蓍未生前蓋有筮策此經因古名耳生蓍事在說卦遂述命

曰假爾大筮有常孝孫某來日丁亥用薦歲事
于皇祖伯某以某妃配某氏尚饗重以主人乃
辭告筮也
釋韇立筮卿大夫之蓍長五尺立筮由便賈疏
曰立筮由便以其蓍長筮爲便對士
之蓍三尺坐筮爲便若諸侯蓍七尺天子蓍九
尺立筮可知説文曰天子蓍九尺諸侯蓍七尺
大夫五尺士三尺孝成謂蓍之長經无明文漢
世所傳可據且曰天生神物所謂九尺七尺者
豈常有之物哉史記曰蓍百莖共一根謂此類
乎夫蓍廟中所用尊卑有等固其所也朱氏筮
儀不言貴賤之分槩謂尺二寸非禮也凡禮用
十二者象天之曆數十二天子之儀表也且朱
儀不言用之廟似爲民間
賣筮設揲蓍法詳于繫辭
卦者在左坐卦以木

卒筮乃書卦于木示主人乃退占卦者史之屬也六畫備書于板史受以示主人退占東面旅占之孝成謂筮者北面卦者從之宗人皆立于門西東面北上卦以木者蓋刻單折重交於木或書九六七八之字每三變黙其一枚於地而立卦非筆之矣十八變卒乃筆之板故曰書卦于木也旅占說在卷末所引洪範註矣吉則史讀筮兼執筮與卦以告于主人占曰從從如洪範逆從之從

若不吉則及遠日又筮日如初遠日後丁若後巳賈疏曰曲禮云喪事先遠日吉事先近日即上旬丁巳不吉則至上旬又筮中旬丁巳不吉則至中旬又筮下旬丁巳不吉則止不祭以卜筮不過三也是以鄭云後丁若後巳也

右少牢饋食之禮鄭玄所註其事甚明凡內外筮儀皆可以例推焉且蓍雖神乎受人命者也而人尊故將命之也擊以動神亦足以見活發之妙矣

一筮求卦之法有一畫變者有二畫變者有三畫變者有四畫變者有五畫變者有六畫皆變者有六畫皆不變者六畫皆不變者以本卦象占其餘皆以本卦之卦兩象占象占盡

乎此故繫辭曰十有八變而成卦八卦而小成引而伸之觸類而長之天下之能事畢矣言觀象玩占而不局於辭者也而辭有吉凶悔吝可取以爲斷者六畫皆不變則取本卦卦辭一畫變則取本卦變畫辭其外二畫變三畫變四畫變五畫變六畫變皆无所取乎辭唯乾坤二卦六畫變取用九用六之辭耳是爲定法雖然占以活法爲神故遇其變者

或取本卦卦辭或取之卦卦辭或取翼中之辭以發其義亦何不可夫人事无窮而辭有所局若執一定法何能盡人事之變哉故曰發揮於剛柔而生爻語臨時生新意也生生日新易之所以爲易也且繫辭所載筮法言彖閏則唐虞以後之事乃知古筮法不必一占法亦或異而其詳今皆不可知矣故在今之世欲筮以決疑宜合考左氏所載諸占取

心所安苟信而奉之雖不中而不遠矣
莊二十二年陳厲公生敬仲其少也周史有以
周易見陳侯者周大史也陳侯使筮之遇觀䷓坤下
巽上之否䷋坤下乾上六四變曰是謂觀國之光利用
賓于王觀六四辭此其代陳有國乎不在此其在異
國非此其身在其子孫光遠而自他有耀者也
坤土也巽風也風爲天於土上山也巽變爲乾故曰風爲
天自二至四有艮象艮爲山有山之材而照之以天光於是

乎居土上故曰觀國之光（山則材之所生上有乾下有坤故言居土上照之以天光）庭實旅百奉之以玉帛天地之美具焉故曰利用賓于王（艮爲門庭乾爲金玉坤爲布帛諸侯朝王陳贄幣之象旅陳也百言物備）猶有觀焉故曰其在後乎（因觀文以博占故言猶有觀非在己之言故知在子孫）風行而著於土故曰其在異國乎若在異國必姜姓也姜大嶽之後也（姜姓之先爲堯四嶽）山嶽則配天物莫能兩大陳衰此其昌乎（變而爲天又有艮象故曰山嶽則配天）

此所謂一畫變則取本卦變畫辭者也然又

博取象占焉

閔元年畢萬筮仕於晉遇屯䷂（震下坎上）之比䷇（坤下坎上初九變）辛廖占之曰吉（辛廖晉大夫）屯固比入吉孰大焉其必蕃昌（屯險難所以爲堅固比親密所以得入）震爲土（震變爲坤）車從馬（晉語曰震車也坤象曰牝馬地類）足居之兄長之（震爲足爲長男）母覆之衆歸之（坤爲母爲衆）六體不易（震爲土而有此六體吉不可易）合而能固安而能殺公侯之卦也

比合屯固坤安震殺故曰公侯之卦公侯之子孫必復其始

此亦一畫變而不取變畫辭是謂象占一畫變二畫變四畫變五畫變六畫變占法可以是例焉

閔二年成季之將生也筮之遇大有䷍乾下離上之乾䷀乾下乾上六五變曰同復于父敬如君所蓋筮書之辭也乾爲君父離變爲乾故曰同復于父見敬與君同

此亦一畫變而不拘易辭別生占辭所謂發

揮於剛柔而生爻者也

僖十五年晉獻公筮嫁伯姬於秦遇歸妹䷵兌下震上之睽䷥兌下離上上六變史蘇占之曰不吉史蘇晉卜筮之史其繇曰士刲羊亦无衁也女承筐亦无貺也歸妹上六辭謂之繇繇者所由以斷其義也衁血也貺賜也士刲供祭祀無血則無以祭也女奉承筐籠無賜幣以實其中亦無以祭也上六居歸妹之終而無應約婚而不終者也婚之不終不成夫婦故稱士女變而之睽亦見載鬼一車皆不吉之象也西鄰責言不可償也兌為西方為口舌且少女求不已長男施盡將嫁女於西而遇此卦故知

責讓之言不可報償歸妹之睽猶無相也此因二卦名義先見其不吉故
曰猶爲欲下言害其發其端耳震之離亦離之震爲雷爲火震雷
離火相熾不已所燒敗甚爲嬴敗姬嬴秦姓姬晉姓女自我往災自彼來一往一來
秦敗晉之象也車說其輹火焚其旗不利行師敗于宗
丘輹車下縛也震爲車兌解在車下故爲車說其輹車變爲火故爲火焚其旗車敗旗焚師
不能出國故爲敗于宗丘宗丘猶本邑歸妹睽孤寇張之孤睽上九辭
睽窮失位故曰睽孤應亦不中正互坎爲盜爲弓故云爾姪其從姑與嬴敗姬同義
非卦[illegible]亦姪姑之義因互坎中男交離中女爲有子孫必從姑家者後果子圉質秦六年

其逋逃歸其國而棄其家明年其死於高梁之

虛卦畫盡上而又自初至五五則其數六而時睽故爲六年其逋五爲君位故得歸其國然爲火所焚而棄其家明年復窮于上九睽孤故知死於高梁之虛惠公死之明年文公入殺子圉于高梁高梁晉地名

此亦一畫變而取本卦變畫辭又取之卦變畫辭不泥於定法可見焉

僖二十五年晉侯筮納王遇大有䷍乾下離上之睽䷥兌下離上九三變曰吉遇公用享于天子之卦

大有九三辭乾爲君在下公侯之象三進上與大有之君相見爲公用彼饗于天子戰克而王饗吉孰大焉戰克因納王之事饗因兌巳且是卦也不拘於辭別言卦象天爲澤以當日天子降心以逆公不亦可乎乾變爲兌而上當離離爲日天子之象澤以說物天子在上說心在下是降心逆公之象大有去睽而復亦其所也此以卦名義論之言大有之世有睽違者則徂征去其睽違者以復大有所謂弧矢之利以威天下者也受王饗亦其所也

此亦一畫變而取本卦變畫辭又博占卦象矣

襄二十五年齊棠公死（棠公齊棠邑大夫）崔武子欲取棠姜筮之遇困䷮（坎下兌上）之大過䷛（巽下兌上）上六三變史皆曰吉（阿崔子）示陳文子文子曰夫從風（坎爲中男故曰夫變而爲巽故曰從風）風隕妻不可娶也（風能隕落物）且其繇曰困于石據于蒺藜入于其宮不見其妻凶（困六三辭）困于石往不濟也（進接於四則四應初而不納譬之水激石）據于蒺藜所恃傷也（退託於二則二不與非應譬之據于蒺藜）入于其宮不見其妻凶无所歸也（此以變象言也變有棟橈之凶雖有

應亦卦窮且喪互離目妻其可得見邪終无所歸也

此亦一畫變而取本卦變畫辭固定法也然亦既以象斷其不可娶餘波及爻辭耳

昭五年叔孫穆子之生也莊叔以周易筮之（莊叔穆子父）遇明夷䷣（離下坤上）之謙䷎（艮下坤上初九變）以示卜楚丘（卜人姓名）曰是將行（是是子也行去國也）而歸爲子祀（奉祭祀）以讒人入其名曰牛足以餒死明夷日也（離爲日）日之數十（甲至癸）故有十時亦當十位自

王以下其二爲公其三爲卿日中當王食時當公平旦爲卿雞鳴爲士夜半爲皁人定爲輿黃昏爲隸日入爲僚晡時爲僕日昳爲臺隅中日出闕不在第尊王公曠其位晡時謂日西食時也日昳謂日跌而下也隅謂東南隅也過隅未中故曰隅中也日上其中日中盛明故以當王食日爲二公位旦日爲三卿位明夷之謙明而未融其當旦乎融朗也離在坤下日在地下之象又變爲謙謙謙卑退故曰明而未融日明未融故曰其當旦乎故曰爲子祀莊叔卿也知穆子爲卿故曰爲子祀日之謙當鳥故曰明夷于飛離爲日爲雉離變爲謙不足以當日故當鳥而曰于飛鳥謂雉明之未融故曰

垂其翼於日爲未融故於鳥亦爲垂翼象日之動故曰君子于行明夷日也君子之象也動而之謙君子辟難而行之象也當三在旦故曰三日不食旦位在三又非食時故曰三日不食離火也艮山也離爲火宜作爲艮火焚山山敗於人爲言成言乎艮敗言爲讒所焚而敗故曰有攸往主人有言言必讒也離變爲艮故曰有所往艮爲言故曰主人有言爲離見敗故知讒言純離爲牛純離謂下離上離卦云畜牝牛吉世亂讒勝勝將適離故曰其名曰牛離焚山則離勝譬世亂亂則讒勝山焚則離獨存故知名牛也豎牛非牝牛故不吉謙不

足飛不翔（謙本不足之義故飛不遠翔）垂不峻翼不廣（峻高也翼垂下故不能廣遠）故曰其爲子後乎（不遠翔故知不遠公）吾子亞卿也抑少不終（抑反語辭也言旦日正卿之位莊叔亞卿也雖其占如此而位不協或少不能終焉莊叔死而宣伯嗣作亂而亡穆子自齊歸而後叔孫氏復立）

此亦一畫變而取本卦變畫辭觸類而長之者也

昭十二年南蒯將叛枚筮之（枚所銜之木大如著也數物云一枚兩枚乃籌之名也不告筮者以所筮之事空下一籌而使之筮故云枚筮）遇坤䷁

坤下坤上之比䷇坤下坎上六五變曰黃裳元吉坤六五辭以爲大吉也示子服惠伯曰即欲有事何如惠伯曰吾嘗學此矣君子居則觀象玩辭蓋惠伯亦嘗學易矣忠信之事則可不然必敗外強內溫忠也坎水故強坤順故溫外強而內溫所以爲忠也徂來曰強與剛殊義水柔而不剛而其勢則強和以率貞信也二五剛柔相和以各貞於其位故曰黃裳元吉黃中之色也裳下之飾也元善之長也中不忠不得其色中謂五喩人心下不共不得其飾二之應五猶下共其職事不善不得

其亟作事不善則不得爲定準乃不能長人是非元外內倡和爲忠二五相和率事以信爲共和以率貞信也信而率事爲能共其上供養三德爲善三德謂忠信共忠信共人之所固有供給長養之猶坤土得坎雨而品物咸亨爲善非此三者弗當非忠以得色共以得飾善以得極者不當六五之義且夫易不可以占險此泛論易理故曰夫易將何事也且可飾乎心疑南蒯事險故問將何事也而云且可飾乎者言雖其事險而猶且可飾以共人臣之職乎則免矣蓋諷焉中美能黃上美爲元下美則裳參成可筮中五喻人心上上卦喻長人下坤喻人臣美謂陽五陽位而變爲剛故美也中

上下三美參成吉可如筮猶有闕也筮雖吉未也

此亦一畫變也

哀九年宋伐鄭晉趙鞅將救鄭陽虎以周易筮之遇泰䷊乾下坤上之需䷄乾下坎上六五變曰宋方吉不可與也不可與戰微子啓帝乙之元子也宋鄭甥舅也祉祿也若帝乙之元子歸妹而有吉祿我安得吉焉宋鄭異姓必婚姻往來或可時實有親故爲甥舅泰六五曰帝乙歸妹以祉元吉今將伐宋筮得此爻宋爲微子之後帝乙之元子之國爲婚姻而吉則我伐之爲

不吉

此亦一畫變也

晉語秦伯將納公子重耳於晉公子親筮之曰尚有晉國命筮之辭筮得貞屯䷂震下坎上悔豫䷏坤下震上皆八也初與四五二畫變也皆八義未審或曰不變者皆八而无七柔虛无爲象筮史占之皆曰不吉閉而不通爻無爲也閉謂屯難不通謂豫前爻效也效之公子之事二卦皆無爲之象也司空季子曰吉是在易皆利建侯屯卦辭豫卦辭皆曰利建侯不有晉國以輔

王室安能建侯我命筮曰尚有晋國筮告我曰利建侯得國之務也吉孰大焉震車也
一剛動於二柔下車之象也
坎水也坤土也屯厚也豫樂也
屯爲滿盈厚之象也
車班外内順以訓之
屯内有車豫外亦有車是車班列内外也而坤順以訓練之則可以即戎矣豫内爲坤屯亦有坤象
泉原以資之
資取助也屯三至五豫二至四皆有艮象豫三至五有坎象艮山坎水水在山下爲泉源流不竭取以給財用
土厚而樂其實不有晋國何以當之
屯豫皆有坤象重坤故厚豫爲樂
震雷也車也坎勞也水也衆也
大象坎爲雲亦

衆之象主雷與車內爲主也而尚水與衆坎象在上車有震武也車有雷聲武之發也衆而順文也衆而和順如水文之教也文武具厚之至也故曰屯其繇曰元亨利貞勿用有攸往利建侯主震雷長也故曰元震爲長男元善之長也衆而順嘉也故曰亨亨嘉之會也內有震雷故利貞震雷動之甚也動必止之故利在貞固元與亨卦象也利貞因象垂教故變文釋之車上水下必伯車動而上威也水順而下恩也威恩備霸之象也小事不濟蹇也故曰勿用有攸往震動遇坎險故曰蹇一夫之行也

震爲長男故曰一夫又爲足故曰行衆順而有武威故曰利建侯非一夫之行坤母也震長男也母老子彊故曰豫長男彊在外母遜事而樂其繇曰利建侯行師居樂出威之謂也居樂母在內也出威長男在外也居樂故利建侯出威故利行師

此三畫變而取本卦之卦之象與辭者也

周語晉成公之自周歸於晉也晉筮之遇乾☰☰乾下乾上之否☷坤下乾上初二三變曰配而不終君三出爲乾下爲坤天地配而否塞故知子孫不永終爲君三畫變故知君三自周出乾以喩

京師坤以
喩侯國

此亦三畫變而別生辭者也

襄九年穆姜薨於東宮（大子宮也穆姜淫僑如欲廢成公故徙居東宮）始往而筮之遇艮䷳（艮下艮上）之八史曰是謂艮之隨䷐（震下兌上不變者唯第二畫耳孔頴達曰遇艮之八不知意何所道）隨其出也君必速出（隨非閉固之卦）姜曰亾（亾猶無也）是於周易曰隨元亨利貞无咎（一畫變取本卦變畫辭二畫變以上本無辭皆）以卦象占故史唯言其象而姜引隨卦辭故稱周易晉語貞屯悔豫司空季子引兩卦辭而稱

在易者亦與此同義元體之長也亨嘉之會也利義之和
也貞事之幹也體仁足以長人嘉德足以合禮
利物足以和義貞固足以幹事元首也體手足也首尊而手足
卑故曰元體之長以喩尊長器使卑少文言云元者善之長其義不異也體仁謂心不違仁猶
手足之在身嘉德文言作嘉會亦義同德謂恩德餘義見文言然故不可誣也
亨本不可誣罔有無是以雖隨无咎今我婦人而與於亂
固在下位而有不仁不可謂元不靖國家不可
謂亨作而害身不可謂利棄位而姣不可謂貞

居上而仁謂之元婦人卑於丈夫而不仁故不可謂元也靖安也姣淫也有四德者隨而無咎我皆無之豈隨也哉我則取惡能無咎乎必死於此弗得出矣穆姜自謂雖隨無咎而我必有咎我無四德豈當隨卦也哉

此五畫變而取之卦象與辭者也

僖十五年秦伯伐晉卜徒父筮之吉徒父秦之掌卜筮者涉河侯車敗詰之秦伯之軍涉河則晉侯車敗也秦伯不解謂敗在己故詰之對曰乃大吉也三敗必獲晉君其卦遇蠱䷑

巽下艮上曰千乘三去三去之餘獲其雄狐於周易利涉大川往有事也亦秦勝晉之卦也今此所言亦卜筮書雜辭夫狐蠱必其君也荀爽九家易艮為狐蠱之貞風也其悔山也內卦為貞外卦為悔歲云秋矣巽為風以喻秦艮為山以喻晉我落其實而取其材所以克也今歲已秋風吹落山木之實則材為人所取實落材亡不敗何待

此六畫皆不變者也而不取卦辭先賢以為不能通三易之占故據其所見雜占而言之

是或然然玩占者豈惟易辭之局哉

成十六年晉侯將伐鄭聞楚師將至晉侯筮之史曰吉其卦遇復䷗震下坤上曰南國蹙射其元王中厥目此亦雜占辭復陽長之卦陽氣起子南行推陰故曰南國蹙也南國勢蹙則離受其敗離南方之卦又爲日君王之象故日射其元王而中其目離爲目國蹙王傷不敗何待

此亦六畫皆不變而不取卦辭者也

昭七年衛襄公夫人姜氏無子嬖人婤姶生孟

縶孔成子夢康叔謂己立元成子衛卿烝鉏也元孟縶弟夢時元未生余使羈之孫圉與史苟相之羈烝鉏子苟史朝子史朝亦夢康叔謂己余將命而子苟與孔烝鉏之曾孫圉相元史朝見成子告之夢夢協協合也後婤姶生子名之曰元孟縶之足不良弱行跛也孔成子以周易筮之曰元尚享衛國主其社稷命蓍辭遇屯䷂震下坎上又曰余尚立縶尚克嘉之遇屯䷂之比䷇坤下坎上初九變以示史朝史朝曰元

亨又何疑焉 屯卦辭曰元亨 成子曰非長之謂乎 恐屯之元謂年長非謂名元 對曰康叔名之可謂長矣 元者善之長也 孟非人也將不列於宗不可謂長 足跛非全人 且其繇曰利建侯 屯卦辭 嗣吉何建建非嗣也 襄公無嫡子縶長當嗣元少非可嗣者以位未定筮建非嗣者 二卦皆云子其建之 縶嗣也非建也元建也非嗣也前筮元遇屯卦辭曰利建侯後筮縶遇屯之比初九曰利建侯是二卦皆云乃知元吉也六畫不變則取屯象變之比則象亦隨變故曰二卦 康叔命之二卦告之筮襲於夢武王所用也弗從何爲 泰誓曰朕

夢協朕卜襲於休祥戎商必克弱足者居屯初九磐桓利居貞侯主社稷

臨祭祀奉民人事鬼神從會朝又焉得居各以

所利不亦可乎繫利居元利建

此合占六畫不變者一畫變者而言不及之

卦也

晋語董因迎公於河因晋大夫公文公重耳公問焉曰吾

其濟乎對曰臣筮之得泰䷊乾下坤上之八曰是

謂天地配亨小往大來泰卦辭曰小往大來吉亨小喻子圍大喻文公

今及之矣何不濟之有
此云之八亦似謂在上者皆柔小无力然之
字不穩穆姜遇艮之八杜預以爲連山歸藏
皆以七八爲占故曰之八朱熹以爲五畫皆
變唯二得八不變故曰之八重耳得貞屯悔
豫皆八韋昭以爲八謂震兩柔在貞在悔皆
不動故曰皆八程迥以爲初與五用九變四
用六變其不變者二三上在兩卦皆爲八故

曰皆八今按諸說皆无所據且至此條而不
通矣闕之可也
右筮占十五條左傳依杜註國語依韋註
間有附私意者亦不識別煩也
洪範曰擇建立卜筮人乃命卜筮曰雨曰霽曰
蒙曰驛曰克曰貞曰悔凡七卜五占用二衍忒
選擇知卜筮人建立之乃命以其職龜兆形有
似雨者有似雨止者蒙陰闇也驛者氣落驛不
連屬也克者兆相交錯也内卦曰貞外卦曰悔
凡七卜占用五雨霽蒙驛克也筮占用二貞悔

也就此七者推衍其變忒以斷其吉凶卜占用五筮占用二而曰卜五占用二者互其文耳

立時人作卜筮三人占則從二人之言 時是也作爲也

蓋泰龜泰筮自有常唯占有當否各言其意見言之所以有異同也按士喪禮云族長涖卜宗人吉服立于門西東面南上占者三人在其南北卜哀公九年左傳云晉趙鞅卜救鄭遇水適火占諸史趙史墨史龜可見一卜而三占故此經亦曰三人占唯中古易教興焉故至於筮占則士大夫多學知焉者如司空季子陳文子子服惠伯輩皆因占以生義教可謂不失本旨者矣故士喪禮於筮曰旅占旅衆也乃不啻三人占也孔安國註此經曰夏殷周卜筮各異三法並用卜筮各三人孔穎達釋之曰經惟言三占從二而知三法並用者金縢云乃卜三龜士喪

禮占者三人是貴賤俱用三龜知卜筮並用三代法也夫金縢三龜大王王季文王之龜也豈雜用三代之法哉士喪禮所謂占者三人豈用三龜之謂哉且夫洪範大禹敘之而箕子述之豈言夏殷周三法哉

此占法之所本由也卜占不傳不知其説至筮占則唯貞悔盡之矣繫辭曰八卦成列象在其中因而重之爻在其中夫貞悔也者因而重之者也而六畫皆有變象一畫變則卦象亦隨變聖人觀其象變以繫辭焉如乾六

畫初變則下爲巽巽爲隱隱於內而不見故曰潛龍勿用其二變則離明在下故曰見龍在田其三變則兌說應乎乾故曰終日乾乾其四變則外爲巽巽爲進退故曰或躍在淵其五變則離明在上故曰飛龍在天其上變則極高自說故曰亢龍有悔六十四卦三百八十四畫其爻皆是類也余持此說而求諸古與左氏記筮占者合遂定其說

禮記曰卜筮者先聖王之所以使民信時日敬鬼神畏法令也所以使民決嫌疑定猶與也故曰疑而筮之則弗非也

此謂聖人所以取卜筮也夫易有聖人之道四焉以言者尚其辭以動者尚其變以制器者尚其象以卜筮者尚其占故曰君子居則觀其象而玩其辭動則觀其變而玩其占是以自天祐之吉无不利然則卜筮乃四尚之

一耳故說易以卜筮而已者陋矣

河田孝成　識

周易新疏別録終

讀周易新疏

余嘗訪外典于河子行先生相驩有年後去住伯陰美德山中三十年矣頃又出因府城下出則先至先生所會周易新疏稿脫得與聞其說起而嘆曰无形者道乎名之者言乎德功雖大唯言不朽子行之言豈出於德與功之下哉導

河積石播爲九河同爲逆河入于海者勢之所必至也子行此擧能滌其源末流豈有窮止乎哉蓋六經莫易深焉伏羲開源農黃唐虞因以制作夏承數之殷周損益莫不自易出者成性存存道義之門殷周之衰聖人憂人失其本也經翼興焉故六經雖博不知易而言治

教者猶膠柱而鼓瑟夫殷輅周冕質於大而文於小聞一知十者得與聞焉麻冕禮也從衆於純與其奢也寧儉儉仁之術也義之制也聖人立人之道仁與義仁義形而上者也禮樂託於玉帛鐘鼓皆形而下者也化裁存乎其人帝降而王王降而覇非達

時變知義用者其孰能與於此哉河氏易學於斯爲神昔人稱朱紫陽曰孔子以來一人今觀河易勝於朱氏萬萬然則易歷四聖而傳河子可稱之千古一賢矣都人士有詩曰河子聖者徒於易可折衷其有觀諸斯乎世之儒士言易者何限漢唯傳商瞿

卜筮王弼厭其卑雜易之以玄虛程學之徒非之其所爭虛實之辯耳昧天人之分皆以天理自然爲人道則均是老莊任天之歸矣耳朱熹氏有不滿王程概以爲卜筮書四尚謂何嗚呼易之難闡如此不啻書生不能知六經之緼後王无繼周者亦輔佐

之者不違化裁之源也是以治日寡而
亂日多方今
大東
神武不殺之化洋溢海內鬱勃所烝生
若而人易道復顯義用維新春而發華
華而見春子行武弁武而文如之至治
之華也夫聖人作易天下萬世治亂之

幾盡矣是則勿論也雖我大藏妙理蓋亦與易符邁師所謂微言奧旨深合于一乘者非邪故善學易者我實相圓妙之門庶易入耳周易禪解意在斯乎雖然邁師之解詳乎內而略乎外非河氏新疏則易象轉化活動之用其不可見邪

皇和天明改元辛丑五月朔旦

台宗　僧智雲龍潭書

因府靈光蘭若

易象解

[日] 關谷敬藏 撰

關谷敬藏先生著

易象解

是書既成先生恐讀者或難遽曉其意因畧辨諸説異同書之各條之上今請并刻之庶有裨于初學也

丙辰三月

浪花　賭春堂主人謹識

易象解序

往年敬藏來游於我邑。從先子受周易新疏。居歲餘業成。及歸愈益研精。遂更有所發明於大象之說。因著之解。遠質於先子。先子大以爲奇。將爲作序。會其病不果而没。其後數歲。予以吏事來於　京師則敬藏先已來。相見大喜。與共語舊。因又大悲也。自是情好日篤。視不啻兄弟矣。頃者。或請刻其曩所著易象解。敬藏謂予曰。此書雖已經先生覽觀。然不幸未及得其一言而先生没。願子代先生爲書於卷端。嗚呼。予也。眞所謂徒讀父書而不知變。其何足以與於此哉。无以則吾聞之。敬藏之來於我邑也。寡大夫乾子問於先子曰。聞敬藏才子也。何如。先子對曰。惟賢知賢。我不知也。固問之。先子曰。在昔孔門顏氏之子。其殆庶幾乎。周易新疏老夫數十年所苦思。敬藏一朝見之无違。其才之長於吾。如此矣。若由是觀之。其作此解也。乃又其數年之所研精。則其造詣。蓋豈淺淺乎哉。此儻足以告之人而見於世矣。請以此言爲序。敬藏則逡巡不敢當也。

寬政八年丙辰春三月因幡河田希傑子俊題于京師邸舍

陰陽謂位剛柔謂畫九六謂變先儒不能辨混而一之且誤認爻爲畫故不知

自序

往者予在　京識因幡人衣川子益言其國有河田先生精易適會先生所著周易新疏出讀之甚善其說因願欲見其人親聞其詳而未得也天明甲辰秋先生之東都反過　京乃介其邑人某生始得謁先生於逆旅焉既先生歸因幡予亦以母氏故歸長崎居之相距殆二百里不得償素願常以爲恨去歲請母氏命乃適因幡重謁先生於詠歸之齋則先生已年七十五矣幸尚健亦喜予至於是遂得朝夕繼見以詳聞其說也夫先生之於易如正陰陽剛柔九六

爻之言乎變、是以其解皆謬、新疏辨之詳矣、

象者、世所謂大象也、今易以此篇合釋爻辭者、總謂之象、故先儒稱此篇所言者曰大象、稱釋爻辭者曰小象、然古所稱象者、特此篇耳、如其釋爻辭者、與彖一類、據例、當直謂之爻、不宜稱象、故今稱此篇止曰象、而不復加大字以別之、讀者察之、

易本艱深、獨此篇至爲易解、而先儒求之深、所以謬也、殊不知觀其所言之象而已明矣、可謂失諸眉睫者、

易象解　一

之稱。辨爻之非畫名。皆先儒之所未及。知其見之卓。固不待予言。可謂近古以來一人矣。然私竊以謂其於象註。尚有可疑者。而未之敢輕議也。及今茲再歸長崎。復取新疏而讀之。更專意本文。沈潛反復久之。頗似有得者矣。蓋先儒說象。皆泥卦名。是以不能觀其所言之象而解之。遂或至引諸雜象以傅會。則謬之尤甚者也。想先生亦偶未之察焉。夫象之爲體。特因其上下二卦兩大象立言而已。其餘雜象。豈可引哉。況卦之命名。皆別自有其義。卦名豈可泥哉。予遂不自量。特抽而出之。不拘卦名與雜象。直觀其所言

之象而解之。明白簡切。覺无復可疑焉。易說於是始獲大全矣。既而喟然自嘆以爲此豈予謭劣之力乎哉。實先生之賜也。先子及師友之靈也。且予得與子益相識。蓋亦有天授者存焉。是不可以不識也。乃書以爲之序。

寬政改元冬十二月長崎後學筑紫關谷潛撰

易象解

易象解

筑紫　關谷潛敬藏著

周易乾坤震巽坎離艮兌。是爲八卦。其大象爲天地雷風水火山澤。八卦重之爲六十四卦。所謂乾坤屯蒙以至既濟未濟是也。此篇就重卦者。不取卦名與雜象。特因其上下二卦兩大象而立言。故直命之曰象也。按左氏傳韓宣子適魯見易象與魯春秋曰。吾乃今知周公之德。據此言。似是周公所作。而其書舊蓋專行。今載在十翼中者。乃後人編輯爾。詠歸先生曰。東涯謂宣子所見於魯。說者

乾坤震巽坎離艮兌、是爲八卦次序、蓋諸卦皆自乾坤出、譬之父母生六子、說卦所言可以見焉、又繫辭曰、八卦成列、象在其中矣、因而重之、爻在其中矣、明八卦既成、因重爲六十四卦也、宋氏依邵雍加倍之說、以乾兌離震巽坎艮坤爲卦序、別立生卦之方者、非古也、

篇中取象、偶與卦名合、或象之至難見、時有旁取卦名者、然皆十之一二耳、若夫取雜象、則絕无之也、

篇中八卦大象外、巽言木坎言雲或雨、離言電之類、亦皆各其象之大者也、

卦辭謂之彖、畫辭謂之爻、相傳畫辭爲周公作、蓋亦由誤謂彖畫辭、其實三百八十六爻、今不可知誰所作矣、

健字、從吳說作健爲是、與乾同、天行健、言有天行之象者乾卦也、非以天行之象釋乾義也、曰自彊不息者、亦唯取其天行之象耳、初與卦名不相干、如下諸卦皆然、程傳曰、取其行健、朱註曰、非至健不能、此皆

以爲畫辭。然畫辭與卦辭。俱行列國久矣。觀於左氏。可見。安有宣子獨見之於魯哉。乃知今上下象即是此言似有理者。因更詳之。今上下象。其釋畫辭者。與上下象同撰體。而其論大象。獨離經而立言。其辭判然。殊不與他相類。蓋所謂易象唯此已。潛謂。詠歸先生說得焉。今從之。

天行健。君子以自彊不息。

乾爲天。重乾有天行運旋相繼不已之象。君子觀其象。而以自勉彊其行而不息也。吳仁傑曰。字書乾一作健。健字。豈本作健而傳寫誤歟。不然。六十

由陸誤作健、且有乾健之義云爾、夫天行因健、二氏之言、若无甚不可者、然其泥卦名、是以六十四卦、皆不能觀其所言之象而解之、可惜矣、

地勢、言其積厚、因重坤之象、與因重乾有運旋相繼之象、言天行同意、程朱泥卦名坤順之義、以爲地勢順、誤矣、

程傳曰、坎不云雨而云雲者、雲爲雨而未成者也、未能成雨、所以爲屯、君子觀屯之象、經綸天下之事、以濟於屯難、是以雲雷之象强解屯義、因以之解經綸、謬之大者、後諸卦解、並如

四卦。何容乾獨異於諸卦哉。潛謂象者。卦象也。若作天行健。則直爲言天行之健者。非卦象也。吳說是也。當從之。

地勢坤。君子以厚德載物。

坤爲地。重坤有地勢積厚能載萬物之象。君子法其象。而以厚其德而載物也。物者事之所由取則也。載者受保而不墜之意。

雲雷屯。君子以經綸。

雷之得雲而行。能發生萬物。君子觀其象。以經綸天下之事也。經綸本治絲之事。經者理其緒而分

此皆由其泥卦名故也。夫卦之命名，别自有其義，豈可以此篇所言之象解之哉。弗思甚矣。

此以下舊說之誤，不復悉辨，讀者合而考之，自可見矣。

之綸者，比其類而合之。二者皆以喻化裁也。按坎。解言雨，此言雲者，取象之異耳。且雷雨雲雷，其言各順也。

山下出泉，蒙。君子以果行育德。

泉之出，必至乎所往。苟非有本而能如是乎。山下出泉，其本之所資可知矣。君子觀其象，而以果其行，育其德也。果行法泉之必至，育德所以養其本。蓋不育德，猶无本之水，欲果行，不可得也。

雲上於天，需。君子以飲食宴樂。

雲者，地氣之所生。雲上於天，天地絪縕，陰陽和洽之象。飲食宴樂。乃所以合人歡也。

天與水違行。訟。君子以作事謀始。

天在上。而水性下。在上者上。下者在下。其行相違。成敗善惡之所以分矣。故君子觀其象者。以作事必謀諸其始也。

地中有水。師。君子以容民畜衆。

容民畜衆。乃地中有水之象。

地上有水。比。先王以建萬國。親諸侯。

地上有水。先王觀其分流之象。則以建萬國。又觀其親密无閒之象。則以親諸侯。蓋萬國諸侯先王之所不能容畜者。亦因地上有水衍溢之象。按。建萬國。親諸侯。非尋常君子之事。故特稱先王。後凡言先王者皆放此。

風行天上。小畜。君子以懿文德。

功化流通。上極于天。惟文德爲然。風行天上。有似於是。所以君子觀其象則以懿之也。

上天下澤。履。君子以辨上下。定民志。

天。至高无上。澤。地中之最卑者也。君子觀上天下澤之象。則以辨上下之分。以定民志。程氏曰。上下之分明。然後民志有定。民志定。然後可以言治。民

凡此篇皆用以字以起下辭者、言觀其象以法之也、故此儉德辟難者、亦法天地不交之象、以自否塞也、先儒謂、當否塞之時、儉德

志不定。天下不可得而治也。

天地交泰。后以財成天地之道。輔相天地之宜。以左右民。

在上者下。在下者上。所謂交也。天地相交。制其過補其不及。以相濟之象。財成。制其過也。輔相。補其不及也。蓋若自民生日用飲食衣服。以至凡百利用厚生之事。皆賴后之財輔也。后。與后稷后土之后同。主治民事者之稱也。

天地不交。否。君子以儉德辟難。不可榮以祿。

天地不交。否塞之象也。君子當患難之時。儉德以

辟難誤矣。舊說此類甚多，從省放此。

辟之。使人不得榮之以祿。所以自否塞也。詠歸先生曰。惟儉德可以處約。能處約以辟時難。如此則人不得榮之以祿。若不能節儉。仰不足以事父母。俯不足以養妻子。則求祿之急。君且不之遑擇。難其可辟乎。

天與火。同人。君子以類族辨物。

天在上而火性炎上。歸乎天。君子觀其象。而以辨別物族。使同類相得也。訟有異類相違之象。此則同類相求之象。

火在天上。大有。君子以遏惡揚善。順天休命。

火之在天上无所不照君子觀其象以能明照見事之善惡惡者遏之善者揚之以順天休命也天而在下乃天命之象詠歸先生曰遏揚莫烈於火力也

地中有山謙君子以裒多益寡稱物平施

山高地平高者在平中損高益卑以趣於平之象程氏曰君子觀其象則裒取多者增益寡者稱物之多寡以均其施與使得其平也

雷出地震豫先王以作樂崇德殷薦之上帝以配祖考

月令云。仲春雷乃發聲。蟄蟲咸動。啓戶始出。春秋傳云。啓蟄而郊。先王觀豫雷出地震之象。既法其鳴。而作爲聲樂。以褒崇功德。又隨其時。而殷薦之以享祀上帝。配以祖考。孝敬之至也。殷盛也。上帝。天帝也。作樂。蓋亦因卦名豫樂之義。

澤中有雷。隨。君子以嚮晦入宴息。

雷藏於澤中。暫息也。非若在地中者之久。嚮晦入宴息。卽暫息之象。禮。君子晝不居內。夜不居外。

山下有風。蠱。君子以振民育德。

風之在山下。物无不被化。君子觀其象。以振濟於民養育其德也。蓋正德利用厚生此三事政之所不可闕者。然必先利用厚生。而後得正其德。故此先言振民也。即亦論語既富而後敎之之意。按蒙育德者。育己德。此則育民德也。

澤上有地。臨。君子以敎思无窮。容保民无疆。

澤卑下能受物。又能出物。地廣厚在其上。其爲澤大矣。敎思取其能出物。容保民取其能受物。无窮疆。取其大也。敎思容保。皆臨民爲治之事。蓋亦因卦名臨。

風行地上。觀。先王以省方。觀民設敎。

朱註曰、內離明而外艮止、故取象如此、夫既取艮離

易象解

程氏曰。風行地上。周及庶物。爲由歷周覽之象。故先王體之。以爲省方之禮。以觀民俗而設政教。如奢則約之以儉。儉則示之以禮。是也。潜謂此因卦名觀。言觀民。然卦名本觀示之義。非覽觀之謂也。設教。乃巽風命令之象。

雷電噬嗑。先王以明罰勅法。

雷電。蔡邕石經作電雷。爲是。明罰勅法。取象電雷明威。按豐威明並行者。爲用刑之事。故言君子。此先明後威。則爲立刑之事。故亦稱先王也。

山下有火。賁。君子以明庶政。无敢折獄。

兩象、曰山下有火、解之者、決復傅著他象不得、朱註離明艮止、所謂雜象者、謬之尤甚也、舊說此類甚多、後皆放此、

此卦在全體、柔變剛、將盡於上、故其名爲剝、剝落也、此取於二體、故其象爲山附於地、二者善惡迥殊、可見此篇不拘卦名也、

山者。草木百物之所聚生也。山下有火。明不能徧照。如此則僅以明庶政而已。无敢折獄也。庶政事之小者。獄事之大者。庶政及獄。皆取象於物之聚。

山附於地。剝。上以厚下安宅。

山雖高起於上。而下附著地之厚。所以不危也。是以在人上者。必厚其下。以安其宅也。蓋不厚則不安。故厚其下。乃所以安其宅也。書云民維邦本。本固邦寧。上謂君。下謂民。不言君子者。重在上也。宅。居也。

雷在地中。復。先王以至日閉關。商旅不行。后不省方。

雷在地中。靜息之象也。先王觀其象。而順天道。以至日閉關。使商旅不得行。后不巡省方也。此卦在全體。一剛動於下。爲冬至陽氣復於地下之象。故此亦言至日也。都潔曰。舜十一月朔巡守。則知不省方。特至日耳。后註在泰卦。

天下雷行。物與无妄。先王以茂對時育萬物。

豫雷出地震者。仲春也。此天下雷行。乃春夏之交。萬物茂盛之時也。茂。盛也。茂對時育萬物者。所以順天時也。物與二字。疑衍文。

天在山中。大畜。君子以多識前言往行。以畜其德。

程朱泥卦名頤養之義，以慎言語節飲食爲養德養身之事，謬亦甚矣。

天至大。山能畜物。天而在山之中。其爲畜孰大焉。多識前言往行。乃所以大畜其德也。亦因卦名大畜。然卦名本大者畜之義。因艮上一剛爲卦主。非取此象也。識。記也。

山下有雷。頤。君子以慎言語。節飲食。

凡聲在高則過本分。在卑則不及本分。雷之震山下。其聲不及本分。言語飲食。此二者宜不及也。此象當與小過山上有雷併觀焉。小過取象於過。此取象於不及。

澤滅木。大過。君子以獨立不懼。遯世无悶。

易象解

木者澤之材也。而澤水滅之。君子觀其象者。以自藏其才。獨立不懼。遯世无悶也。蓋遯世无悶。非獨立不懼則不能。故先言之也。

水荐至。習坎。君子以常德行。習敎事。

習重也。德行德之行也。敎事敎之事也。敎之事。即樂正所崇四術之屬是矣。德行常之。敎事習之。當如水之荐至。不可畧有間斷也。

明兩作。離。大人以繼明照于四方。

作。起也。大人。如乾九五利見大人之大人。謂賢德之人。繼明照于四方者。繼續君之明德。而助之遠及也。如禹皋陶之於舜。伊尹之於湯。有焉。

山上有澤。咸。君子以虛受人。

澤能受物。山上有澤。崇高之上。有受物之處。君子觀其象者。雖已盛德。无可以尚焉。而猶且謙虛以受於人也。蓋大舜之所以爲大舜。亦唯由取於人以爲善。況不及大舜者。豈可以自滿乎哉。但虛受云者。善惡有所不必擇。唯其用之在己耳。若曰擇善而棄惡。則非虛受之謂也。

雷風。恆。君子以立不易方。

風性无定。唯其從雷。不易所向。君子觀其象。而以立不易方。立者。立於道也。不易方。亦因卦名恒久之義。此象與益風雷反對。當併觀焉。

天下有山。遯。君子以遠小人。不惡而嚴。

山高矣。而天又高。不可及也。君子之於小人。雖不必惡。而威嚴以遠之。爲不可及者。以其不可狎也。不曰山上有天者。天无不覆。不止山上也。

雷在天上。大壯。君子以非禮不履。

雷。動物。雷在天上。動以天之象。禮者。天秩。君子非禮不履。乃動以天也。

明出地上。晉。君子以自昭明德。

明德之解，詳于予所著大學新詮。

明出地上。日出地上也。昭明之也。明德体明之德。孝弟忠信，皆其物也。蓋日在地下，其明徒然。及出地上，而後萬物皆照焉。君子觀其象者，以自昭明德也。

明入地中，明夷。君子以涖衆，用晦而明。

日入地中，及出復明，則其入者，所以養明也。君子涖衆，不極其明察，而用晦，然後能容物。不然，則不勝其瑣碎，反爲傷其明。所謂察見淵中魚不祥者，故用晦乃所以爲明也。

風自火出，家人。君子以言有物，而行有恆。

火能生風。風之自火出。可謂有本矣。君子言行亦宜然也。物者言之實也。恆者行之守也。

上火下澤。睽。君子以同而異。

火澤相遇。然火性炎上。澤氣潤下。其行不同。君子觀其象者。其於世。雖同於人。而未嘗不異。蓋不爲苟合也。

山上有水。蹇。君子以反身修德。

山上之水。卽山之所出。而水性潤下。復歸于山。以養其原。是以其出无窮。君子觀其象者。以反身而修其德也。

雷雨作。解。君子以赦過宥罪。
張清子曰。雷者天之威。雨者天之澤。威中有澤。刑獄之有赦宥也。有過者赦而不問。有罪者宥而從輕。好生之至也。
山下有澤。損。君子以懲忿窒欲。
山高澤卑。卑者在高下益見其卑。忿之與欲。宜制之又制。使不得縱恣也。所以君子觀山下有澤之象。則以懲窒之也。
風雷益。君子以見善則遷。有過則改。
雷之從風。不定其所。君子觀其象者。以見善則遷。

有過則改唯義之從而未嘗有吝於其間也進益之道莫大於此蓋亦因卦名云

澤上於天夬君子以施祿及下居德則忌

澤最卑在下其膏潤不能徧及物今乃上於天則其施无所不周也君子得位在上則必施祿及下卽取此象居德則忌朱氏曰未詳王弼本則字作明亦難解

天下有風姤后以施命誥四方

天下有風其行无所不周風爲命令之象故言施命也觀風行地上者爲由歷周覽之象此天下有

風特命令耳。

澤上於地萃君子以除戎器戒不虞。

澤上於地或有決潰之懼宜豫爲之防君子觀其象者除治戎器以戒不虞也除謂簡治而去弊惡也。

地中生木升君子以順德積小以高大。

地中生木其始毫末耳而終能至合抱者以順長也君子觀其象而以順德不逆於理積累衆小以成其高大也王弼本順字作愼恐非。

澤无水困君子以致命遂志。

朱氏曰。水下漏則澤上枯。故曰澤无水也。潛謂澤以水爲命。而今盡泄輸以及他。而不自養。君子觀其象者志之所在。則不自愛。致棄身命以遂之也。如爲君父致死之類皆是矣。

木上有水。井。君子以勞民勸相。

朱氏曰。草木之生。津潤皆上。木上有水之象也。潛謂民之爲事。火耕水耨。其勞无所不至。勞之者敘其勞以慰之也。相。助也。勸相者使相勸以助於上也。蓋勞力以養上者。小人之職。然不勞則不勸。勞民勸相。卽木上水以自養之象。

澤中有火革君子以治曆明時

澤亦草木百物之所聚生也其中有火以照之即治曆明時之象也又澤氣潤下火性炎上潤下者在上炎上者居下有順四時而和氣節之象

木上有火鼎君子以正位凝命

木上有火火得所託以安其性君子觀其象者正其位序无敢踰違以凝聚天命於已也若不正其位妄動屢遷戮辱且至矣何天命之凝哉故正其位乃所以凝命也

洊雷震君子以恐懼修省

易象解

洊雷震動相仍之象也。君子觀其象者。以每事恐懼。且必加修省。所以盡恐懼之實也。

兼山。艮。君子以思不出其位。

山者安其所而不移。山上有山。不移之固。孰若焉。思不出其位。因此象也。即中庸素其位而行。不願乎其外之意。或以君子不必然致疑於此者。拘甚矣。乾天行則君子以自彊不息。隨澤中有雷。則以嚮晦入宴息。言不一端而已也。

山上有木。漸。君子以居賢德善俗。

山之禿童。非啻其容不好。而木之於山。又其所必

程傳曰以少女從長男知其終之不善謂歸妹女之終何是不奇泥卦名引雜象其害義亦不小矣

不可无者君子觀山上有木之象以居賢德之人於位以善其風俗也蓋賢德者國之所必不可无者而賢德在位則風俗自善矣

澤上有雷歸妹君子以永終知敝

雷震澤上澤中草木遇之而始發生焉始生者久久必有敝君子永終知敝有見于此象也

雷電皆至豐君子以折獄致刑

雷電皆至威明並行也折獄因明致刑因威按離明爲刑獄之象凡四卦噬嗑賁豐旅火爲離本象故賁旅皆言火而此及噬嗑言電者以其與雷並

朱註曰、愼刑如山、不留如火、是分兩象、別各爲說矣、上下兩象相合、而方見其妙、作者之意全在此、若以兩象分別各爲說、則八卦之時已可言、尙何待六十四重卦乎、誤甚矣、

稱也。

山上有火旅。君子以明愼用刑。而不留獄。

程氏曰。火在山上。明无不照。君子觀明照之象。則以明愼用刑。明不可恃。故戒於愼。又觀火行不處之象。則不留獄也。獄謂獄以斷是非。是非明則當斷。安可留滯也。獄因山象。見賁卦註。

隨風巽。君子以申命行事。

風之遠及。命令之象也。君子觀重巽風相隨之象。而以申命令。行政事。若不先申命令。則臨事或有不及之失矣。程氏曰。隨相繼之義也。

麗澤兌君子以朋友講習

兩澤相麗交相滋潤即朋友講習互相益之象

風行水上渙先王以享于帝立廟

風者氣而已无形惟其得水而其形可見焉先王享于帝以格其神立廟以使其鬼有所依託有見于此象也

澤上有水節君子以制數度議德行

澤之容水過則盈溢卦之名節亦因此象君子制數度議德行皆所以爲節也制數度者凡物之貴賤多寡大小長短各爲之制使不相踰也議德行

者。程氏曰。人之德行。當義則當節。議謂商度求中節也。詠歸先生曰。制與作不同。无而造之謂之作。有而裁之謂之制。作數度者。王者之事。制則通于上下。故此以君子言之也。

澤上有風。中孚。君子以議獄緩死。

澤上有風。澤中之物。得之而生。長天地之仁心也。又風能鼓幽潛。議聚獄。緩死罪。因此象。澤亦草木百物之所聚生。故言獄。如賁卦註。

山上有雷。小過。君子以行過乎恭。喪過乎哀。用過乎儉。

程傳曰。雷震於山上。其聲過常。故爲小過。何以知其不爲大過。朱註曰。三者之過。小者之過。恭哀儉宜小

者哉其莫大乎賁其泥封名也

雷之震山上其聲過本分行之恭喪之哀用之儉

此三者宜過也

水在火上既濟君子以思患而豫防之

物之爲患害莫甚於火惟水能止之君子思慮後患而豫爲之防每使如此象水在火上則庶乎其足以勝之而无傷矣

火在水上未濟君子以愼辨物居方

火在上水在下各得其所也君子觀其象而以辨別物類各居其方使不相雜所以成其性也辨物如周官所謂辨山林川澤丘陵墳衍原隰之名物

者。是矣。居方。王制所謂。凡居民財。必因天地寒煖燥溼。廣谷大川異制者。是矣。按同人同類相求。則君子使其相得。此異類分居。則使其各成事。殊而致一矣。然同類不盡相得。未必爲傷。如異類一雜居。則貽害不小。所以愼也。

易象解終

周易新疏

因州 河田八助著

天明四年甲辰仲秋 既成

易象解

長崎 関谷敬蔵著

寛政九年丁巳季夏 刻成

發行書坊

京都 西村平八郎
林喜兵衛

江戸 西村源六

大坂 泉本八兵衛
山口又一郎

作者及版本

河田東岡（一七一四—一七九二），名孝成，字子行，通稱八助以及十右衛門。出身於播磨（即現在的兵庫縣），本姓竹中。少時入京都伊藤東所攻讀儒學，對易學興趣濃厚，而致力於易學研究。寶曆八年（一七五八）就職於藩校尚德館的學館，後轉爲侍講。安永三年（一七七四）晉升爲「物頭」，即江户武家時代有關部門的負責人。對於易學研究的成果，除了《周易新疏》以外，還有《易雋》《易道小成稿》等。

《周易新疏》爲四孔線裝和刻本。書高二十七厘米，共十册。封面題簽分别爲「周易新疏上經一、上經二、下經三、下經四、上彖下象五、上象下象六、上繫辭下繫辭七、文言説卦序卦雜卦八、别録上九、别録下十」。内封刻有「河田子先生著，周易新疏再校，關谷敬藏先生著，易象解新刻」字様。正文前有《刊周易新疏引》《周易新疏序》《周易新疏目録》《義例》。正文每頁八行，正文與卦型大字黑體，每行頂格排列，疏文每行小字並排兩列，均下空兩格，每列各十七個字。第十卷收天明元年（一七八一）五月由台宗僧智雲龍潭書寫的《讀周易新疏跋》，跋文後《易象解》。《易象解》正文天頭有小字注，少有蟲蝕，無礙閲讀。